Σε υποδέχτηκα

Σε υποδέχτηκα

Γιώργος Βασιλακόπουλος

Melbourne 2021

© George Vassilacopoulos, 2021

This book is copyright. Aside from fair dealing for the purposes of study, research, criticism, review or as otherwise permitted under the Copyright Act 1968, no part may be reproduced by any process without written permission from the author.

National Library of Australia
Cataloguing – in – Publication entry:
Vassilacopoulos, George, author.
I welcomed you

Cover image: Toula Nicolacopoulos
Design and layout: Frixos Ioannides & Paul Ashton

Published by urtext

ISBN: 978-0-6487282-2-1

Acknowledgements

Many thanks to Christos Fifis for editing the poems; Frixos
Ioannides and Paul Ashton for the design and layout; and
Toula for the front cover concept and photograph.

The main part of the text was set in 11 pt GFS Artemisia, a
free font from the Greek Font Society (Εταιρία Ελληνικών
Τυπογραφικών Στοιχείων). The GFS contribution to
Electronic Typography and to the promotion of literature is
gratefully acknowledged.

της Τούλας

Σε υποδέχτηκα
βαστώντας το κενό
ανάμεσα στις παλάμες

έβγαλες τα μάτια σου
και νίφτηκες

φορούσες
τα μάτια της Ιστορίας

δηλαδή
ήσουν το ράγισμα
στη γλώσσα
………
τα γκρίζα δάχτυλά μου
εφύτρωσαν
στη σιωπή του
και στάζουν λέξεις
που αγάπησες
………
τα μετρώ
με τ' άλλα δάχτυλα
βουβοί αιώνες
που πρόδωσε ο θεός
………
περνώ το χρόνο μου
ακούγοντας
το αίμα να ανεβαίνει
σαν τον ωκεανό από ποτάμια

....
το ράγισμα στη γλώσσα
είναι ο προφήτης μου
κι' εγώ τον δικαιώνω
με τα ποιήματα
που σου χαρίζω

....
ο φίλος
ξέχασε πως ν'αγαπά;
τελείωσε λοιπόν η Ιστορία;

....
σκόρπισα στο αεράκι
τα τελευταία σου φιλιά
να δροσιστεί ο κόσμος

....
τι νέα
από το μέλλον;
λένε πως δεν υπήρξε

....
όπως σε καρτερούσα
σκεφτόμουν
με τα χρώματα του Goya
τα δυο σου χέρια

....
τα δειλινά
διαβάζω τα ποιήματά μου
στα γόνατα του θεού
να μάθει να προσεύχεται

ύστερα
κουρασμένος
βγαίνω για ένα μικρό περίπατο
στο σύμπαν

....
πριν να φύγεις
θα ακουμπήσω το ποίημα
στην παλάμη σου
για την επόμενη φορά

μέχρι τότε
ας μιλήσουμε με λέξεις
....
που και που
μόνος
με το ποίημα
προσεύχομαι
για το καλό των λέξεων
έχουν πολύ υποφέρει
....
σκέφτομαι
χωρίς τη γλώσσα
έμποροι διαλαλούν τις λέξεις

'όχι άλλες λέξεις
τη γλώσσα, τη γλώσσα'
έτσι θα φώναζα
εάν ήμουν ο τρελός της αγοράς
....
τότε
(ξέχασα πότε)
η γλώσσα
αμίλητη εμφανίστηκε
μέσα απ' τις λέξεις

α, θυμήθηκα
την στιγμή
του γυρίσματος
από την μία σελίδα στην άλλη

η αθωότητα
της σιωπής της
ακύρωσε τον χρόνο
....
περιμένω
τη στιγμή
που θα έρθει το ποίημα

να με γράψει
και εσύ να με διαβάσεις

ίσως
τότε
να γίνω η ηχώ σου
να σου μιλώ
από τον μακρινό τόπο
που θα είμαι
....
το παρατήρησες;
οι ποιητές
πήραν τη θέση του θεού

γι' αυτό πάντα ρωτούν
'αγάπησες;'
....
περνώ τον χρόνο μου
μετρώντας τις νύχτες
την μία με την άλλη

όπως τα δάχτυλα
....
ο κόσμος
μίκρυνε τόσο
που δεν χωράει το ποίημα
όπως η Αθήνα τον Σωκράτη

μετά ο Πλάτωνας
μεγάλωσε την Αθήνα
....
όταν δεν έχω τίποτα να πω
έρχεται το ποίημα
και μου μιλά για σένα
....
τις νύχτες
όταν ο χρόνος αδειάζει
στο ράγισμα της γλώσσας

χορεύω βαλς
με λέξεις

....

μιλώ στη γλώσσα
σαν η σιωπή της πέτρας
που κατρακυλά

....

όταν σε αναπολώ
εξατμίζονται οι λέξεις

....

είναι στιγμές
που στο ποίημα
ο κόσμος γίνεται αιμάτινος
τότε καταλαβαίνω
ότι είμαι το δώρο
που μου χάρισες

....

μέχρι να έρθεις
μετρώ τα δάχτυλά μου με τις νύχτες
και αφουγκράζομαι την ηχώ να στις διαβάζει
έτσι γνωρίζω
όταν θα φύγεις
θα μείνει η ανατριχίλα
του ποιήματος που θα σου γράψω
με τα κάρβουνα της Ιστορίας

....

όταν βγαίνω περίπατο
δένω στο δάχτυλό μία λέξη
να θυμηθώ να επιστρέψω

....

όταν θα φύγεις
θα κρεμάσω τα δάχτυλα
στη λέξη
που θα μου χαρίσεις

....

θυμάσαι
το όραμα
μας έμαθε

να βηματίζουμε στην ηχώ
των βημάτων του άλλου
όταν ο άλλος χάθηκε
απροετοίμαστοι
χαθήκαμε και εμείς

....

μες στις παλάμες μου
είσαι δισταγμός
δεν με γελάς
διαβάζω τα μάτια σου
με το ποίημα
που φύλαξα
ανάμεσα στα Cantos του Έζρα

....

η γλώσσα
είναι η στιγμή
ανάμεσα στις λέξεις
εκεί ερωτεύθηκα το αύριο

....

σκεφτόμουν
αν περάσω
(νεκρός βέβαια)
μέσα απ' το ράγισμα στη γλώσσα
ίσως τότε
να μιλήσει μια λέξη
στα χείλια μου

....

κάποτε οι ορισμοί ήταν τα πάντα
γλώσσα: ότι ακυρώνει τις λέξεις
επανάσταση: ότι ακυρώνει τις πόρτες
κόσμος: ούτε λεξικά ούτε πόμολα

....

όταν πέφτει η νύχτα
λυπάμαι
μέχρι θανάτου
τις λησμονημένες λέξεις
τις μαζεύω στο ποίημα
και κουρνιάζουν στη γλώσσα

………
ω, να απαγγείλω το ποίημά μου από την τελεία
προς τα πίσω
μήπως και συναντήσω την αρχή του κόσμου

………
λίγο πριν έρθεις
άναψα
τις λέξεις
από την τελευταία μας
αντάμωση
τις έβλεπα να καίγονται
κι' άκουγα την γλώσσα
προετοιμαζόμουν δηλαδή
να σου μιλήσω

………
μάζεψα απ' τους αιώνες
τη σιωπή των αδικημένων
να μην ξεχάσω
ότι έρχεσαι απ' το αύριο
ότι μου έρχεσαι δηλαδή
από τα μονοπάτια του πολέμου

………
θ' ανοίξω
ένα μπουκάλι
με τους στεναγμούς
της γλώσσας
έτσι να πιούμε λέξεις
να μην ξεχάσουμε

………
δεν πιστεύω να κρυώνεις;
ναι φυσάει λίγο Ιστορία
μέσα απ' τις ραϊσμένες λέξεις μου

………
την τελευταία φορά
ξέχασες το μαντήλι σου
μουσκεμένο με την Ιστορία
λοιπόν
τα μεσημέρια

δρόσιζα το μέτωπό μου
και άκουγα τους ψίθυρους του αίματος
....
γράφω το ποίημα
όταν διστάζει η γλώσσα
είναι η στιγμή
όπου το δειλινό
βαστάει αιώνια

....
τελικά
το μυστικό
είναι στο γύρισμα της σελίδας
η στιγμή που ξεχνάς
και πλέεις
στο ράγισμα της γλώσσας
....
ναι
να γυρίζεις
και να μη γυρίζεις
τη σελίδα
τότε
το δάχτυλό σου
γίνεται ατέλειωτο

ω
με ατέλειωτα δάχτυλα
να κεντάς στη γλώσσα
τον κόσμο ερωτευμένος
....
οι λέξεις μου
μουσκεμένες με τον κόσμο
στάζουν η μία την άλλη
....
είχα μανία
να βαφτίζω τις λέξεις
στη γλώσσα

τόσα χρόνια λοιπόν

μας λένε ψέματα
το μυστικό του αϊ Γιάννη
ήταν στο νερό

....
τις νύχτες
δοκιμάζω τις λέξεις
πριν γράψω το ποίημα
έτσι
γίνομαι όλος γλώσσα και χείλη

ω
να γεύεσαι στις λέξεις
τον κόσμο που δεν έρχεται

....
θυμάσαι;
αγαπηθήκαμε
τη στιγμή
που τα λάβαρα
χλιμίντριζαν στους δρόμους

μας πλημμύριζε
η αθωότητα
του πλήθους
....
το ποίημα που σου διαβάζω
είναι ο στεναγμός
του μάρτυρα
που είμαι

να
σαν τώρα
που χάσκει το άπειρο
(ανά)μεσά μας
....
αν μπορείς
χάραξε
ένα ποίημα
στην παλάμη

και με τα δάχτυλά σου
διάβασέ το
περνώντας
απ' το ράγισμα στη γλώσσα

το βλέπω δεν μπορείς
αυτή είναι η διαφορά μας
………
μου γνέφεις
με λέξεις σκοτεινές
θα περιμένω το ποίημα
να τις ξενυχτήσει
………
τις λέξεις
που μιλούν οι άνθρωποι
τις περιβάλει η σιωπή της γλώσσας
το ποίημα που πάντα απαγγέλουν
είναι η ανάμνηση του αύριο
………
η παλάμη μου
θρυμματάκι του οράματος
λικνίζεται στο άπειρο
όπως σου μιλώ για τους ανθρώπους
………
το κενό ανάμεσα στις παλάμες
ίσως να είναι το μάτι του σύμπαντος
ίσως και το πελώριο αυτί του
ίσως να είναι η σκέψη του και η σιωπή
για τον ποιητή
είναι ο φόβος που τραυλίζει
………
δεν με κατάλαβες
φώναζα στο ποίημα
όχι στις λέξεις
τις φωνές τους (σου) φώναζα
………
όταν
πετώ λέξεις

στο ράγισμα της γλώσσας
τρίζει το απέραντο
τότε
ο φόβος καλπάζει
και εγώ
είμαι η χαίτη του
....
έλεγα λοιπόν:
χτυπώ
με λέξεις
το ράγισμα στη γλώσσα
όπως μια πόρτα
και περιμένω
....
πότε ράϊσε η γλώσσα;
όταν δίσταξε
....
'σου μιλώ
σαν κόσμος'
σημαίνει σιωπώ
σε ραντίζω δηλαδή
με οράματα και ζήτω
....
'να μην μιλάτε'
στις λέξεις
ξεχνάμε τη γλώσσα
αυτό να τους πεις
σαν δώρο
....
εάν θα μείνει κάτι από εμάς
θα είναι το ίδιο το 'κάτι'
έτσι μόνο του
και σκοτεινό
μέσα στην μέρα σας
τι άλλο να σας δώσουμε;
....
εμείς
εφτιάξαμε οράματα

εσείς
να φτιάξτε μνήμες
....
μην φοβηθείς

με το ράγισμα στη γλώσσα
χάραξε τις παλάμες σου
έτσι όταν γυρίσεις στο αύριο
να δουν τα ίχνη
του ταξιδιού
οι δικοί σου
....
νίβομαι
με τις λέξεις
που σε αφουγκράστηκαν
πολύ πριν φτάσεις

όλα λοιπόν
τα χωρά το ποίημα;
....
αυτός ο κόσμος
είναι μέγας
γιατί έρχεται από το αύριο
είναι και μικρός
γιατί ποτέ δεν φτάνει
....
όταν θυμάμαι το αύριο
αν μιλήσω
θα φανώ αδύναμος
στις λέξεις
αν δεν μιλήσω
μένω μόνος
....
όταν ξαφνικά
ακούω τα ωσσανά των λέξεων
στο ποίημα
από πού να τρέξω
προς το αύριο;

αφού από εκεί ήρθες
ίσως να ξέρεις

....

κάπου κάπου
(συνήθως βραδάκι)
με θυμάται το αύριο
είναι τότε
που ντύνω το κορμί μου
με τους σπασμούς των λέξεων
και σιωπώ τους νεκρούς

....

μόλις πριν έρθεις
κρέμασα τις λέξεις
λέπια στο κορμί μου
να βυθιστώ
στη σιωπή τους
ψαράκι πλουμιστό
όπως θα με διαβάζεις
μπορεί
και να μιλήσω

....

ίσως το ξέρεις:
το αύριο
είναι η άλλη πλευρά
της Ιστορίας
αυτήν που πάντα μιλώ
όταν μιλώ το τίποτα
δηλαδή
όταν με υποδέχομαι
ως επισκέπτη

....

στο ποίημα
η ανάσα μου
σαν αεράκι
φέρνει το αύριο
στη γλώσσα
τότε παίρνει θάρρος
και ερωτεύεται τις λέξεις

....
όταν είμαι μόνος
σιωπώ τις λέξεις
κ' έτσι άλαλος
σε μιλώ

έρχεσαι
πάντα
ως μιλημένη
....
έφυγες
για το αύριο
με μια μικρή βαλίτσα
λέξεις
που έχασαν την μνήμη μας
....
θα ήθελα να γράψω
την Ιστορία του αύριο
έτσι για πείσμα
μετά
θα την διάβαζα ανάποδα
για να με φτάσει στο σήμερα
....
όπως κυλούν οι λέξεις
στο ποίημα
μου γνέφουν την ερημιά
στους ήχους τους
αφουγκράζομαι τον φόβο
....
στην καμπή
της Ιστορίας
τι άλλο
να πουν οι άνθρωποι;
το μόνο
που τους μένει
είναι να τα ξαναπούν
στο αύριο
....

όταν με κοιτάς
έχεις το αιώνιο στα μάτια
εκείνου που αγάπησε η αγάπη
έτσι
όταν ετίναξες τις λέξεις
κι' έμειναν οι σιωπές του έρωτα
να σε πνίγουν
τις άκουσα
με τον καημό
του ποιήματος

....
τις λέξεις
που μιλούσαν ανθρώπους
τις φύλαξα
στο ποίημα
εκεί θα τις βρεις
όταν θα φύγω
έχασα όμως
το κλειδί
κάπου στο σύμπαν

....
να έτσι:
άπλωσα το ποίημα
ψίθυρο
στην παλάμη σου
να το αφουγκραστώ
με ερωτευμένα δάχτυλα

....
το ηλιοβασίλεμα
στέλνει το άπειρο στα μάτια μας
είναι η στιγμή
που αγαπάμε τους ανθρώπους

....
να προσέξεις
όταν
καλείς το αύριο
να μείνει για λίγο
μένει για πάντα

τότε
ανεπαίσθητα
γίνεσαι ντροπαλός επισκέπτης του
....
μην ξεγελιέσαι
η ηρεμία του ποιήματος
είναι λυγμός
ένας συνωστισμός
από αγαπούλες
που δεν πρόφτασαν
....
για να καταλάβεις
τα ποιήματά μου
έχουν το πλάτος της παλάμης
δηλαδή
έχουν την όψη του ιδανικού
....
ναι
σιωπηρά τα βράδια
στρώνω τα ποιήματα
χαλάκι
να πατούν
οι νεκροί
μην και λερώσει η μνήμη
ότι θα υπάρξει ο κόσμος
....
εάν κουράστηκες
να σιωπήσω για απόψε
θα ακουμπήσω λοιπόν
το κέλυφος του κενού
(δηλαδή
τις παλάμες μου)
για μαξιλάρι
....
όταν ξαγρυπνώ
περπατώ προς τα πίσω
να συναντήσω τη μέρα που έφυγε

εκεί ακούω
τους στεναγμούς του αύριο
....
κάτι λέγαμε χτες
και το ξέχασα
α, ναι
όταν ξεχνάς
γράφεις ποιήματα
....
μην γελάσεις
όταν το ποίημα
πέφτει έξω
απ' την παλάμη
γίνομαι ο Προκρούστης
του έρωτα
....
γράφω λοιπόν
παλάμες
και τις διαβάζω
με τα δάχτυλα
....
ότι χάθηκε
το βαστώ
όπως η έρημος
τα καραβάνια της
δηλαδή
βαστώ τις λέξεις
με το ποίημα
....
για την γλώσσα
λέγαμε;
είμαι λοιπόν
ο σιωπηρός ποιητής
της σιωπής της
....
η γλώσσα ταξιδεύει
με τις λέξεις

όπως η έρημος
με τις καμήλες της

δηλαδή με το 'παντού'
μιλάμε
………
όπως έλεγα
δεν είναι ο κόσμος βαθύς
το βάθος είναι κόσμος
από εκεί ξεμυτίζουν οι ποιητές
τις νύχτες
να τους χαϊδέψει ανάλαφρα
η γλώσσα
στο σάλεμα της σιωπής της
γίνεσαι τρόμος
και τρομάζεις
έρωτας
και ερωτεύεσαι
δηλαδή ραγίζεις
………
θα το γνωρίζεις βέβαια
η γλώσσα είναι παντού
όπως το δέρμα στο σώμα

το 'παντού' ερωτεύονται οι λέξεις
σαν τα δάχτυλά μου
το κορμί σου
………
ναι
στο ποίημα
να ακούς το σύμπαν στις λέξεις
σαν ένα ψίθυρο
τόσο μικρό γίνεται
μπροστά στον έρωτα
………
σου έλεγα λοιπόν
εάν κάποτε
μας ερωτευθεί

ο έρωτας
(δηλαδή
εάν η γλώσσα
μιλήσει στην σιωπή μας)
ο θεός θα φύγει
παίρνοντας μαζί του
το ψέμα της ντροπής
τότε
θα αναφωνήσουμε
στο σύμπαν
τις πρώτες και τις τελευταίες λέξεις:
'εν αρχή ην ο έρως
και ο έρως ην προς το ημείς
και το ημείς ην ο έρως'
θα σιωπήσουμε δηλαδή
την Ιστορία
....
όταν το σύμπαν
χωρέσει σε μια λέξη
τραυλίζω το ποίημα
συλλαβίζοντάς την
με τα δάχτυλα
στα χείλια μου
....
ο κόσμος όλος
είναι στις λέξεις
αναχωρητής
στο ράγισμα της γλώσσας
....
αιώνες
σε προσδοκώ
κρεμώντας σε λέξεις
τις σιωπές των δαχτύλων μου
όταν έρχεται η νύχτα
τις συλλαβίζω
ως αναχωρητής
έτσι περνώ μαζί σου
στο αύριο

....
να σε ξεναγήσω:
το ρολόι
και δίπλα η λάμπα
παραδίπλα
το χαρτί και το μολύβι
μετά τα δάχτυλα
και ολόγυρά τους
οι άνθρωποι του Giacometti
λακκούβες σιωπής
στην άβυσσο

....
στο ποίημα
ακούω
τον ήχο των λέξεων
να έρχεται από το αύριο

να έρχεται δηλαδή
ιδρωμένος
με την σιωπή της γλώσσας
....
ασφαλώς θα το έχεις καταλάβει
πατρίδα μας
είναι ο τόπος
του 'δεν φτάνουμε'

ταξιδεύουμε στη γλώσσα
με λάβαρα
τις λέξεις
....
όταν μιλούν οι άνθρωποι
τις λέξεις τους
η γλώσσα
ταξιδεύει από το αύριο

λοιπόν
μιλώ σημαίνει
υποδέχομαι

....
θα στο αποκαλύψω:
οι λέξεις μου
είναι κουδουνάκια
της σιωπής
λοιπόν
με την επιμονή αιώνων
δεν τις ακούω
έτσι ανενόχλητος
γράφω ποιήματα
....
να τους μεταφέρεις και αυτό:
για να σας δουν στο αύριό σας
οι ποιητές
απλώνουν τη γλώσσα
μπροστά από το σύμπαν
οι κόκκινες κηλίδες που εμφανίζονται
είναι οι λέξεις
όταν κάποτε
μιλούσε για σας η Ιστορία
....
εμείς
ερωτευτήκαμε
μέσα στον πόνο
εσείς
θα πονέσετε
μέσα στον έρωτα

και στους δυο λοιπόν
μιλά η Ιστορία
....
η γλώσσα
είναι η αθωότητα
στις λέξεις
τις θρέφει
με την σιωπή της
για να σας μιλήσουν κάποτε
τότε βέβαια

εμάς τους ποιητές
θα μας τιμήσετε
μιλώντας τες

....

να το παραδεχτείς
ποτέ δεν θα γνωρίσετε
τι σημαίνει
να ακούς τις λέξεις
μέσα στην αφωνία τους
εμείς είμαστε οι ποιητές
δηλαδή
οι αναχωρητές
στη γλώσσα

....

να το μεταφέρεις
έτσι ακριβώς:
ποίημα σημαίνει
αφαιρώ τους ήχους
απ' τις λέξεις
δηλαδή καταργώ
τα στόματα
μόνο δάχτυλα και μάτια
θα σας παραδώσουμε
για υλικό

....

έπαιζα με τη λέξη μας
στα δάχτυλα
και την τσάκισα στα δυο
με τον απόηχό της
έλα να τα πούμε

....

να σου συστηθώ:
είμαι ο έσχατος των ποιητών
του ορ-άματος
όλες οι λέξεις πλέον
είναι εσώκλειστες
γι' αυτό
όταν έρχεσαι

χτύπα το ποίημα
σαν πόρτα

....

όταν ήρθες κάτι άφησες απ' έξω
όταν θα φύγεις
να μην ξεχάσεις να το αφήσεις
όταν θυμηθείς ότι το άφησες
θα επιστρέψεις
μην βιαστείς
και αιώνες να περάσουν
θα είμαι εδώ να το φυλάω
μάλλον η γλώσσα είναι
το κατάλαβα
μόνο γύρω της
τριγυρίζουν οι λέξεις των νεκρών
αδέσποτες

....

με γύρευες
σε λάθος τόπο
ήμουν κάπου στο αύριο
γυμνός
από τα χάδια σου
γυμνός από σώμα
με τις παλάμες
μετέωρες
φεγγάρια της τρέλας
να περιμένεις
θα επιστρέψω
αύριο

....

και λίγο κουτσομπολιό
τον φίλο
δεν τον ήξερα για χρόνια
να λοιπόν
που ακόμη και το όραμα
παραπλανεί
ύστερα από καιρό
κάπου εδώ

δεν τον συνάντησα
χαιρετηθήκαμε όπως παλιά
....
έγινες κόσμος
κι έφυγες
σκορπίζοντας λεξούλες
....
μόνος ακούω
θολές σιωπές
τις λέξεις
στόματα
που χάσκουν

είμαι οι ποιητές
του άλλου κόσμου
....
όταν διαβάζω τις λέξεις στο ποίημα
γίνομαι ένα στόμα από στόματα
....
α, όταν κοιμόσουν
στις τελευταίες λέξεις
που αφήσαμε
μισοτελειωμένες στο τραπέζι
έψαχνα τη γλώσσα
όπως ξεπηδούσε
από το λαρύγγι
του πνιγμένου ποιητή

ασφαλώς
θα τον γνωρίζετε
μιλούσε συχνά για εσάς
....
να συνεχίσω
από το προηγούμενο ποίημα:
δεν γράφω νέα στους φίλους
τα ξέρουν όλα
από τότε που έφυγα για το αύριο
έγινα διάφανος

....
ασφαλώς δεν θα το γνωρίζεις
σε κάθε ποίημα
έχουμε και έναν πνιγμό
γι' αυτό οι λέξεις του
είναι πάντα οι τελευταίες

....
μες την άβυσσό μου
ο κόσμος όλος
βγήκα να σε καλωσορίσω χωρίς λέξεις
σου πρόσφερα
την σιωπή των ματιών
και την κίνηση της παλάμης
συγνώμη
ήμουν απροετοίμαστος

....
έξω από το παράθυρο
και μες το γκρίζο
του χειμώνα
τα σπίτια ήρεμα και καθιστά
είναι το κέλυφος
της αμνησίας

....
πριν να φύγεις
θα σου γεμίσω τις παλάμες
βότσαλα από την θάλασσα
που αγαπήσαμε
ποτισμένα με την μοναξιά
του σύμπαντος
στο ταξίδι
οι κρότοι τους
θα σου θυμίζουν
την σιωπή της γλώσσας
στα λόγια μας

....
θα το έχεις ήδη καταλάβει
μόνος του
ένας άνθρωπος

είναι σιωπή
δύο μαζί
γίνονται ήχος
να όπως τώρα

....

μόνος
γεμίζω το σπίτι
με την σιωπή
που είμαι
εκεί κολυμπώ
ένα παράπονο-ψαράκι
με λέξεις-φύκια
πλέκω ποιήματα
και τα φαντάζομαι
σαν δώρο

....

στην κρεμάστρα
τα ρούχα
άδεια
από το κορμί σου
μου νυχτώνουν το αύριο

....

μην παραξενεύεσαι
είμαι με τις πυτζάμες μου ακόμη
γιατί αργεί να ξημερώσει

....

δεν σου παραπονιέμαι
ούτε ζηλεύω
τις λέξεις σου
άλλωστε το ποίημα
είναι το κρυφό πορτάκι
που εγώ άνοιξα
έτσι έμαθες να μιλάς

....

τόνισέ το
να ποτίζουν
με λέξεις
τα παιδιά

από μάτια
ποιητών
που είναι τώρα
κάρβουνα σβησμένα
έτσι
με τον καημό της Ιστορίας
στην ανάσα τους
θα είναι πάντα ερωτευμένα
με χαμένους
………
με την κουβέντα
θα το αντιληφθείς
έξω από το ποίημα
οι λέξεις μας
είναι άπιστες
αφήνουν κάθε στόμα
να μιλάει με αυτές
για άλλες λέξεις
ακόμη και για εκείνες
που είναι πεθαμένες
………
ναι, πράγματι
η Ιστορία
εβολεύτηκε στην εποχή μας
αναπαύεται
ακόμη και στην αδικία
ήρθε ο καιρός
να βγούμε έξω
από τις λέξεις
για λίγο αεράκι
ίσως και να επιστρέψουμε
με νέες ουτοπίες
………
ποιό είναι
το καθήκον της στιγμής;
τώρα
που οι άνθρωποι
έμαθαν πια

πως να μιλούν
είναι καιρός οι ποιητές
να τους διδάξουν τη σιωπή
ίσως σε μικρές δόσεις
μη και πνιγούν

....

πάλι εξομολόγηση:
συχνά τις νύχτες
ακούω ακούσματα
χωρίς λέξεις
να τα κουβαλούν
σαν δίσκος ζαχαροπλαστείου
ίσως να είναι
η γλώσσα που πονάει
ως κόσμος
ίσως να είσαι
εσύ
ως σκέτος έρωτας
πάντως και οι δυό
είσαστε όραμα

....

κάθε πρωί
με τον καφέ
σχεδιάζουμε ξανά
τον κόσμο
δηλαδή
ανήμποροι κοσμούμε
το 'ξανά'
στο διάλειμμα της επανάληψης
ερωτευόμαστε
την μέρα που αρχίζει

....

αφήσαμε
τις λέξεις στο τραπέζι
και βγήκαμε
έτσι για βόλτα
ξάλαφροι
από το βάρος τους

χωρίς εμάς
θα έχουν πολλά
να πουν

………
οι χειραψίες
στις παλάμες μας
μαράθηκαν
σαν τα φύλλα το φθινόπωρο

το αεράκι που τις πήρε
ήταν η Ιστορία
………
την πρωινή ηρεμία στο σπίτι
την βαθαίνει ο ήλιος του χειμώνα
οι σιωπές τους
με προστατεύουν
από τις λέξεις
ήρθε πάλι η στιγμή
για το ποίημα
………
από μακριά
κοιτώ το περίγραμμα
του αύριο
που είναι η μορφή σου
οι λέξεις μου
θα σβήσουν
πριν σε φτάσουν
………
τι είναι η Ιστορία
άλλο από λέξεις κι' αίματα;
ανάμεσά τους
το ποίημα
ψίθυρος του καημού
η ανάσα μου σκορπάει την σιωπή του
ολόγυρα
σαν στάχτη

λες να φυτρώσουνε παιδάκια;

....
πριν να φτάσεις
σου έδωσα
ονόματα πολλά
ώστε όταν έρθεις
να μπορώ
να σε φωνάζω
σύμφωνα με τις αποχρώσεις
της σιωπής στη γλώσσα
....
όπως ταξιδεύουν οι λέξεις μου στον κόσμο
στάζουν τα χείλια μου
παγωνιά

πέτρινα
τις ψηλαφίζω
ως τους χρησμούς του αύριο
....
έρχονται στιγμές
που είναι οι στιγμές
του 'έρχεται'

δεν ξέρω όμως ποιός
....
με τα χείλια μου
ησυχάζω τις λέξεις

φοβήθηκαν
το ποίημα
....
τι θα έλεγες
αν ερωτευόμαστε για λίγο
τους ποιητές;

είναι οι μόνοι που σιωπούν
τις λέξεις
ίσως να μας μιλήσουνε την γλώσσα

....
ας μη σιωπούμε άλλο
τις λέξεις
τι άλλο έχουμε
να μοιραστούμε;
στέλνω το ποίημα
να τις καλέσει
στο δείπνο που ετοιμάζουμε με λέξεις
κάποιος μας
πρέπει να μιλήσει
και γι αυτές

....
με ακούς
με την σιωπή του αύριο
βαφτίζω τις λέξεις μου
στο βουητό της
να αφουγκραστούν
αν έρχεται

....
τι θα έλεγες
αν για βόλτα
μέναμε στο σπίτι;
θα ταξιδεύαμε
στο ανάμεσά μας
με τις λέξεις

....
σκέψου το αύριο
σαν γλώσσα
ο κάθε άνθρωπος
θα είναι μία λέξη ερωτευμένη

....
με μια λέξη σου
έγνεφα στον κόσμο
ότι υπάρχω

....
μια και έρχεσαι
απ' το αύριο

όλα τα κάνεις μνήμη
οι λέξεις τελικά
είναι οι σταυροί στο ποίημα
κουβαλούν τ' όνομά του

....
δεν αμέλησα
σου ετοίμασα κάτι πρόχειρο
με λέξεις
ξεχασμένες σε σελίδες
που κιτρίνισαν
κάποτε στην λευκή τους λάμψη
ονειρεύτηκαν ποιήματα

....
για να σε αφουγκραστώ
αγγίζω την μοναξιά της παλάμης μου
τα δάχτυλα τότε σαλεύουν
στα ίχνη της αφής σου
ως όνειρα

....
θα φωνάξουμε τον έρωτά μας στο άπειρο
αυτό θα καταλάβει

....
σμίγω
τις σιωπές
απ' τις παλάμες μου
και ξεγελιέμαι
ότι έφτασες

....
στρώνω το τραπέζι
με παλάμες και δάχτυλα
και με μάτια κάρβουνα
καλώ τους προφήτες
δηλαδή τους ποιητές
τα ανάβουν με λέξεις
του καημού
μπας και δω πρόσωπα
από χώμα
κορμιά από νερό

και ανέμους
και έρωτες να χτίζουν τα παιδιά μας

στους ναούς
αιώνες ραντίζουν τους χρησμούς τους
με την στάχτη που έφεραν οι θεοί
και οι βασιλιάδες

πεθύμησα
χείλια φορτωμένα λέξεις
σαν σταφύλι
....
κρέμονται οι λέξεις
από το ποίημα
όταν στο απαγγέλλω
κρέμονται τα χείλια σου
από τις λέξεις
....
οι λέξεις
αναγγέλλουν το ποίημα
στα χείλια μου
έχει τη γεύση
του α-θάνατου
....
σου μιλώ με τα χείλια κλειστά
οι λέξεις μου
αρνούνται
να κουβαλάνε
στόματα
....
στα βάθη μου
το ποίημα
με ψελλίζει
ως λέξη
....
στέκομαι στην άκρη
των δαχτύλων σου
και σε ατενίζω

να κρέμεσαι
ως βάθος

στο άπειρο
είσαι το ποίημα
που νοσταλγώ

....
μεταξύ των ανθρώπων
και του σύμπαντος
το ποίημα ως 'μεταξύ'
εκεί ρεμβάζει
το όραμα

....
έφερες
τα ιμάτια της Ιστορίας
με το ράγισμα στη γλώσσα
έραψα λέξεις
για τους αδικημένους
και τις μοίρασα δίκαια ως ποιητής
να έχουν και αυτοί κάτι να λένε

....
μέτρησα
ξανά και ξανά
τα δάχτυλά μου
όλα ήταν στη θέση τους
δεν τα ζήτησε κανείς
τα μέτρησα ξανά

....
έφερες μαζί σου
την νύχτα των ανθρώπων
τρίβω πάλι τις λέξεις
να λάμψουν
τα ωσσανά
του ποιήματος
τίποτα

....
λοιπόν σου έλεγα
τα μονοπάτια των λέξεων

είναι οι ήχοι τους
αυτοί μας οδηγούν
στο ποίημα
χωρίς προσδοκίες
στα ακούσματα
εξατμιζόμαστε
σιωπηλές εκπλήξεις

………

θα ανοίξω το παράθυρο
να δροσιστούν λιγάκι
οι λέξεις μας
κουράστηκαν πια
για αιώνες
κουβαλούν το σύμπαν
απ' τον έναν
στον άλλο

………

με το ποίημα
σβήνω τις λέξεις
σαν κεράκια

κουράστηκα
να βαστώ τα βλέφαρά μου
ανοιχτά
με κομμένα δάχτυλα

………

είναι πλέον αργά
για κήπους
ας σπείρουμε
χώμα στο χώμα

όσο για πότισμα
έχει ο θεός

………

γιατί επιμένω;
όταν μου γύρισε
την πλάτη η ποίηση
άρχισα επάνω της

να γράφω ποιήματα

έγινα δηλαδή
το όραμά της
....
εκεί στο αύριο
θα με έχετε ακούσει
όταν με ακύρωσε
ο κόσμος
απόχτησα το κύρος
του οράματος
τώρα
πλέω προς εσάς
ως ουρλιαχτό
....
να με δεχτείτε
με ανοιχτές τις αγκαλιές
πριν από σας
όλο για σας μιλούσα
σας έχτιζα
με λέξεις
και σας μοίραζα
ακέραιους
σε άπιστους φίλους
....
να λοιπόν η Ιστορία μας:
όταν ήρθαν
οι μαύροι αιώνες
έσφαξαν τον πετεινό
γιατί είπαν
έλεγε ψέματα

με το αίμα
ράντισαν τις λέξεις
να μην θυμούνται πιά τη γλώσσα

τα πούπουλα
τα σκόρπισαν στον άνεμο

για να χαθεί από τα μάτια
η λάμψη τους

ίσως κάποτε να τα συναρμολογήσω
σε νέα σύνθεση
εγώ
που έκρυψα τον ποιητή
για να γλυτώσει
στο λαρύγγι μου
....
θα το έχεις ήδη καταλάβει
σε αυτά τα ποιήματα
το μόνο που έμεινε
είναι η ήττα
της σιωπής
ένα φεγγάρι
η μοναξιά της
ως ανάσα περνώ
από μέσα του
πέρα απ' το σύμπαν

λοιπόν, όπως σου έλεγα
κοιμάμαι ήσυχος

τι να μου κάνει εμένα
η Ιστορία;
....
όταν θα φύγεις
πάρε στους δικούς σου
ένα δείγμα από εμάς
να μην ξεχάσεις
το ταξίδι σου

ίσως
κάποιο από αυτά τα ποιήματα
στο μέγεθος παλάμης όπως είναι
χωρίς κόπο θα το μεταφέρεις
στο αύριο

ως μάτι σκοτεινό
θα σας κοιτάζει
....
παρατήρησες
πως τα δάχτυλα
τα περιβάλει το κενό
και σαν ψαράκια
κολυμπούν σιωπηρά
στο άπειρό του;
σαλεύουνε
ομαδικά
από το παντού
στο παντού
όπως αρμόζει
σε μεγάλους στοχαστές
....
διάλεξα λέξεις ηττημένες
ως κέλυφος
να πλέω στο κενό
ανάμεσά μας
ανατριχίλα
μιας προαίσθησης
αυτού που δεν αφήχθει

με αναζητώ λοιπόν
με μια μανία
σαν την θηλιά του κρεμασμένου
....
κρέμασα τα ποιήματα
στην λέξη 'εμείς'
εσύ να τους πείς:
τα χείλια
που θα τα τρυγήσουν
να έχουν πιεί
από την σιωπή
της παλάμης
τον φόβο

....
το ποίημα
είναι το τελευταίο
σαλπιστήριο του φόβου
σάλπιγγες του
οι σιωπές των δαχτύλων μου
όπως το γράφουν

....
τα μάτια μου
σε χαϊδεύουν με το φως
όπως κοιμάσαι
με την όψη του οράματος

....
μονός πάλι
σε ραντίζω με λέξεις
όπως δεν έρχεσαι
στο πέταγμά τους
είμαι ο καημός
που καίγεται από καημό

....
με τον φόβο
του ποιήματος
πλάθω τις λέξεις μου
αντίδωρο
εσείς του αύριο
όταν αναστηθείτε
ως χωματένιο όραμα
με τις πρώτες συλλαβές
στα χείλια σας
θα κλείσει ο κύκλος
της μετάληψης

....
για δώρα
όχι φωνήεντα
για εμάς εδώ

στους βάλτους των ονείρων

σου ομιλώ
ως συμφωνία συμφώνων

....
η Ιστορία
είναι χωρισμένη
στα δυο
σε σύμφωνα και σε φωνήεντα
τα ποιήματα
μιλούν για τα φωνήεντα
με σύμφωνα

....
να σου απαγγείλω:
υψώνεσαι
ως στύλος ύπαρξης
μες την ανυπαρξία
ποίημα
των ερώτων και του θανάτου
φωνή του πλήθους τρομερή
που αναμένει
την τελική αναμέτρηση

....
να συνεχίσω:
εφύλαξα στις παλάμες μου
τους μεγάλους έρωτες
του πλήθους
γι' αυτό σου φαίνονται
λίγο νωχελικές
τα βράδια

....
το μυστικό μας;
εδώ
μετά την νύχτα
νυχτώνει η ημέρα

....
και κάτι ακόμη:
μας έβγαλαν το κορμί
και μας φόρεσαν ρούχα

να υποδεχτούμε τον θεό
ασφαλώς
μιλάω για τους επαναστάτες
....
όταν ο Βλαντιμίρ αυτοκτόνησε
ακούσατε
την έκρηξη του έρωτα;

αν είστε ποιητές
ανάψτε μία λέξη
....
για κάθε μέρα που περνάει
αφήνω πίσω μου
μία λέξη
αν τις μαζέψεις
ίσως να καταλάβεις
την εποχή
είναι το ποίημα της αναχώρησης
στην γλώσσα
έτσι
από μακριά
αγάπησα τον κόσμο
....
όταν επιστρέψω
(θα είναι βέβαια
στο αύριο)
θα φέρω μαζί μου
τον κόσμο
ακέραιο
με το σκοτάδι του
ένα και μοναδικό
τότε θ' ανακαλύψετε
ότι το ποίημα
είναι παιδί της νύχτας
....
με άταφες λέξεις
γράφω το ποίημα

....
σε κούρασα
με τις φλυαρίες
του σκοταδιού
εδώ όμως
δεν ξημερώνει
εύκολα
πρέπει πολύ να δακρύσεις
λέξεις

....
όπως τα ακούω
παγωμένα
από τα μάτια των ποιητών
κυλούν οι λέξεις
καταράκτης

....
όταν φοβάμαι
γράφω ποιήματα
και ύστερα
μέσα στον φόβο τους
φοβάμαι ποιό πολύ

φοβάμαι
για να έρθεις

....
να τους πεις:
το ποίημα
είναι η χτένα
στην κόμη του σύμπαντος
στην κίνησή του
κατρακυλά η Ιστορία

να την προσμένουν
στο αύριο
με τις παλάμες
ανοιχτές
για να νιφτούν
πριν το διαβάσουν

....
δεν θέλω πια
να είμαι ο πόνος
μες τις λέξεις
πρέπει κι αυτές
λίγο να χαρούν

....
ώσπου να μην έρθεις
γράφοντας το ποίημα
βράχνιασαν οι λέξεις μου
και κύρτωσαν τα δάχτυλά
τι να παρηγορήσω;
τους είχα τάξει
ότι θα τους έφερνα
παρέα από το αύριο

....
μάζεψα λέξεις
στις παλάμες μου
να τις ανάψω
όταν έρθεις
σαν καρβουνάκια
γιατί εδώ χειμώνιασε
θα με θυμάμαι
με τις πληγές που θα μ' αφήσουν

....
γράφουμε ποιήματα
γιά να αφουγκραστούμε
την φωνή μας
ίσως εκεί ακούσουμε
κάτι που ακόμη
δεν έχει ειπωθεί
κάτι που αν ειπωθεί
θα καταργεί τις λέξεις
όλα μια αίσθηση θα είναι

....
το άπειρο
είναι αθώο
σαν την λευκή σελίδα

βολτάρουν τα δάχτυλά μου
αφήνοντας πάνω του
για ίχνη
το ποίημα
αν τα περπατήσεις δειλινό
θα ανταμώσεις την φωνή μου
ως νύχτα να ουρλιάζει
στο κενό του

η ανάσα της
θα ανεμίζει
λέξεις του έρωτα
ως πληγωμένα λάβαρα
....
με τυφλά δάχτυλα
θα σβήσω τα ίχνη του ποιήματος
στα χείλια μου
να μην γυρίσω πίσω
στο αύριο
είναι ασήκωτο
σαν τις προσευχές
των αναχωρητών
....
το παρατήρησες;
το πρόσωπο του ανθρώπου
χωρίζει το άπειρο
στα δυο

ως το ενδιάμεσο
προσεύχεται ποίημα
για το καλό των λέξεων
....
πρόσεξε
από τι ποτήρι
πίνεις τον καημό μας
να έχει για ραγίσματα
τα χείλια ποιητών

....
εδώ και εκεί
στα ποιήματά μου
ανάβω καμιά λέξη
για τον άγνωστο ποιητή
που είμαι
συνήθως την 'καημό'
ή την 'παλάμη'
στην φλόγα τους
η ανάσα μου
σιγοσφυρίζει
το άπειρο

άραγε
θα δώσω όνομα
στον κόσμο;

....
πριν να φτάσεις
με μάτια κάρβουνα
και σκυφτά δάχτυλα
μελετούσα στο ποίημα
την μορφή σου

ήθελα
να σιγουρευτώ
ότι θα σε γνωρίσω

....
ακουμπώ
το πρόσωπό μου
στην μοναξιά
της παλάμης
και μέσα εκεί
γίνομαι ο φόβος
της σιωπής της

άραγε σε τι ποιήματα
κατρακυλώ απόψε;

....
τύλιξέ με
με τα χείλια σου
στις λέξεις
μες το κουκούλι τους
να μάθω να αγαπώ
μετά
σαν πεταλούδα
θα πάω να συναντήσω
τους ανθρώπους
θα πετώ ολόγυρά τους
μπουκέτο από φυλάκια
....
λες
τα κάρβουνα της Ιστορίας
να κρύβουν κάποιο φως;
τα μάζεψα με το ποίημα
και τα φύσηξα
με λέξεις
....
ξέρεις τι σημαίνει
να λερωθείς με λέξεις
και να πλυθείς
με ποίημα
να γίνεις δηλαδή
μνημόραμα;

τότε καλείς τον άνθρωπο
να εξέλθει
φιμώνοντας το στόμα του θεού
με τις παλάμες
....
μην σαστίσεις
στην αθωότητά τους
τα ποιήματα
μιλούν το αύριο
με λέξεις καθημερινές
δηλαδή

τις ανασαίνουν προς τα μέσα
....
να τονίσεις και τούτο στους δικούς σου
να είναι προετοιμασμένοι
όταν διαβάζουν
τα ποιήματα
η φωνή μου
θα ραΐσει τα χείλια τους
όπως κατρακυλά
στις λέξεις
....
στο ράγισμα της γλώσσας
ψιθυρίζει τις λέξεις
το ποίημα
να επουλώσει την πληγή της Ιστορίας
μετά θα τους αφηγηθεί τον άνθρωπο
....
πριν να έρθεις
σκεφτόμουν
ότι από σιωπή
θα γίνω ιστορία
δηλαδή
θα περιπλανιέμαι μες στις λέξεις
σαν μνήμη τους
και θα τις καθησυχάζω
μοιράζοντας τους ποιήματα

έχεις ακούσει λέξεις
να τρελαίνονται από μνήμη;
....
όταν θα φύγεις
θα σου γράψω
πόσο εχάρηκα
που δεν σε γνώρισα
δηλαδή
ότι υπάρχει ελπίδα
για τις λέξεις
όπως το όραμα

πρέπει να γίνουν
άγνωστες
στα χείλια μου

....

οι λέξεις που άφησα
έξω απ' το ποίημα
κλαίγανε
σαν παιδιά

λυπήθηκα τόσο πολύ
που τους μοίρασα λέξεις
να τις παρηγορήσουν

....

με τι να παρηγορήσεις
τους αδικημένους;
ούτε και το αύριο πια
δεν ακούει τ' αναφιλητά τους

....

οι λέξεις
που μου φέρνεις απ' το αύριο
είναι σαν τις σταγόνες της βροχής
όταν φουσκώνουνε ποτάμι
μπλέκονται η μία με την άλλη
σε ατίθασο έρωτα
εκεί βαφτίζομαι
ως ποίημα
δηλαδή γίνομαι το λεξολείψανο
που ψέλνει

....

ο ερχομός σου
με έμαθε να υπομένω
το χτες
που θα γίνω
και το αύριο
που δεν έγινα
ανάμεσά τους
με βυζαίνω λέξεις
το κλαψιάρικο ποίημα

………
είμαι
το αεράκι των λέξεων
πού έσβησαν
οι ήχοι τους
ποίημα περνώ
και τις αγγίζω βιαστικά
ως μνήμες
το μόνο
που σας φέρνω
είναι το βουητό μου
………
αυτό για να καταλάβεις:
'δεν υπάρχω
μέχρι υστερίας'
σημαίνει
είμαι μια λέξη
που κουβαλά τον κόσμο
αμίλητη
στο σύμπαν

λοιπόν
ζήτω η ελευθερία
που δεν ήταν
ζήτω το ποίημα
που δεν γράφτηκε
οι έρωτες που δεν γίναμε
μας απαγγέλουν
………
στις λέξεις
με τους απολιθωμένους
φίλους
αναζήτησα την σκιά μου
να δροσιστώ μια στάλα
διάβασα
τα παλιά ποιήματα
με τα δάχτυλα
μην και τους ξυπνήσω

θα έλιωναν κι' αυτοί
από την λύπη
....
ω, εποχή αιώνων
που κόβοντας τα
βυθομετρώ στις λέξεις σου
τα δάχτυλά μου

για να σε δω κατάματα
έκανα κάρβουνα
τα μάτια
....
τελικά
εγώ κι εσύ
είμαστε μια παλιά ιστορία
την διαβάζει ο ένας ταυτόχρονα
στον άλλο
....
ανάμεσα στα γράμματα μιας λέξης
και ανάμεσα στις λέξεις
άφωνα στόματα
πριν τις λέξεις και τα γράμματα
άφωνα χείλια

πριν σωπήσουμε το ποίημα
συστηνόμαστε
ως αφωνίες
....
τώρα που ήρθες βιαστικά
δεν θα επιμείνω να καθίσεις
μόνο για λίγο
να ζεστάνεις τις λέξεις μου
με την σκέψη ότι μ' άκουσες

έτσι όταν θα φύγεις
με την σιωπή τους
θα με νανουρίζουν
θα ξεχάσω ότι δεν υπήρξα

....
έλα, να σου απαγγείλω και αυτό:

'σε αναζητώ
μες τα ραγίσματα του σκοταδιού
μέσα στις λέξεις
να σε διαβάσω ως γραφή
σέρνοντας τα δάχτυλά μου
στο κορμί σου
ω, ως το άπειρο κρύβομαι
στην σιωπή του
και ονειρεύομαι
κόσμους να γεννιούνται
απ' την αρχή
κόσμους να κρέμονται
απ' τα χείλια σου
σαν σταγόνες
σε φύλλο φθινοπώρου
που πλέει ανατριχίλα
είναι πλημυρισμένοι
από παιδιά του έρωτα
από πλανήτες γυρισιάρικους
χωρίς πυξίδες
είναι φτιαγμένοι
από τρελές γιορτές
από φτερά αγγέλων
που επρόδωσαν
είναι αυτοί οι κόσμοι
λέξεις χωρίς τους ποιητές
να κλαψουρίζουν
είναι και διάφανοι
ως κλάμα νεογέννητου

στο κορμί σου
γίνομαι το μυστικό
που εξομολογείται
γίνομαι
ένα παράθυρο ανοιχτό

γιατί είσαι
αεράκι ταξιδιάρικο·

όπως καταλαβαίνεις
κάπως έτσι
ζεσταίνω την φωνή μου
τους χειμώνες
κρεμώ λοιπόν
τα ποιήματα
στην Ιστορία
να στεγνώσουν οι λέξεις
στην ανάσα της
....
τις λέξεις που μου άφησες τις στόλισα με
λέξεις
θα βγω λοιπόν
μαζί τους έξω στον κόσμο
σαν περίπατος
με τα καινούργια μου
....
πριν να έρθεις
σου έφτιαξα
ένα άδειο ποιηματάκι
στο κενό του
διάβασα την σιωπή
που θα μου φέρεις
έτσι πριν να μιλήσω
μ' έκανες
ολόκληρο φωνή
για να υπάρξω
μόνο
ως άκουσμά σου
ότι κι' αν πω
θα είναι περιττό
αποφάσισα λοιπόν
να τραγουδώ
τα άσματα νηπίων
δηλαδή

να μην σου μιλώ
από το ράγισμα στην γλώσσα
………
παράκληση:
όσο κι αν χτυπώ τις λέξεις
να μην ανοίξεις
ας παραμείνουν ήχος θολός
θα τις μιλώ λοιπόν
κρούοντάς τες
ανάμεσα στα χείλια
σαν να ζητωκραυγάζω
………
πάλι δεν έβρεξε
τους ανθρώπους
που ποθήσαμε
πάλι δεν ξεμύτησε
η Ιστορία
παρ' όλες τις υποσχέσεις
της καταιγίδας
στις πλατείες και στους δρόμους
ήταν τελικά
μία βροχούλα
υπήρχαν και ομπρέλες

με ποιήματα ησυχάζω
τις σιωπές μου
………
οι άνθρωποι
δεν προσκυνούν
όταν τους μιλά η μοναξιά
του σύμπαντος
τότε στην ανάσα τους
κυλούν λέξεις
ως εμβατήρια
του είναι
ας ονομάσουμε λοιπόν
τους ησυχαστές μας
με ελληνικά ονόματα

....
σας είμαι
ο σπηλαιώτης των λέξεων
ο ησυχαστής των ποιημάτων
δίπλα μου
αρχάγγελοι που πρόδωσαν
φυλούν το αύριο
ως όραμα
μην και σαπίσει
θα το παραδώσω ακέραιος
μοιράζοντας τα μέλη μου
στα ερωτευμένα πλήθη

όταν το ανταμώσουνε ξανά
αλλοίμονό σας
....
οι λέξεις μου
είναι οι ησυχαστές του ποιήματος
γίνονται ένα του
όταν λεξίζουνε
στο ράγισμα της γλώσσας
....
ως σπηλαιώτης των λέξεων
ακούω
τους ήχους των γραμμάτων τους
να σιωπούν το κενό
στο ράγισμα της γλώσσας
μπορούμε να τα διαβάσουμε
με λέξεις;
....
είναι ήσυχη σήμερα
η μέρα
απλώνεται στο φως
μια λάμψη
που σαν αίσθηση
με αισθάνεται
είναι σαν να μην υπάρχω

………
και το πιό σπουδαίο:
αγαπώ
σημαίνει πλέω
στο αδιάφορο
που αλλού να συναντήσω τους ανθρώπους
χωρίς θεούς
και άλλα μασκαριλίκια
στο χωματένιο οραμά μας
θα είμαστε οι λάτρες του κενού
στις λέξεις τότε
ερωτικά θα ψιθυρίζουμε
ως όλον
για το τίποτα

………
ασφαλώς οι δικοί σου
θα είναι χωματολάτρες και νερολάτρες
δηλαδή θα βαφτίζουν τα παιδιά τους
Θαλή και Αναξιμένη
το άπειρο
θα ρεμβάζει στις παλάμες
και στα δάχτυλά τους
θα πλάθουν ερωτικές λέξεις
λατρευτικά με το κενό
μετά σαν φυσαλίδες
θα τις πλέουνε στο σύμπαν

………
συχνά τις νύχτες
η σιωπή μου σκεπάζει το αύριο
παίρνοντας την μορφή του
τότε τα όνειρα
αρχίζουν
να ονειρεύονται
ότι υπάρχω
ως στοργικό σεντονάκι
που οραματίζεται
ερωτικά κορμιά

....
εσύ
να σκουπίσεις τα χείλια σου
από τις λέξεις

εγώ
θα σκουπίσω την Ιστορία
απ' τους αιώνες της

έτσι
τα χείλια σου
εγώ
και η Ιστορία
θα συστηθούμε επίσημα
φαντάζεσαι την αμηχανία
ανάμεσά μας
....
αυτό μεταξύ μας:
θα ξεφύγω για λίγο
από την Ιστορία
μεταμφιεσμένος
σε λέξη-όραμα
ούτε που θα το καταλάβει
γιατί δεν πιστεύει σε αυτά
όπως θα είναι ξένοιαστη
θα την πετροβολήσω
με ποιήματα

μήπως γνωρίζεις καμιά λέξη
που εξέφυγε
από την Ιστορία;
....
πως θα μιλούσαμε την γλώσσα;
μόνο με εισπνοές
τραβώντας τις λέξεις
προς τα πίσω
οι φίλοι θα νομίζουν
ότι πνίγομαι

....
οι λέξεις
νοιώθουν μόνες τους
μαζί μου
γι' αυτό
ανυποψίαστες
μιλούν
σαν να μην είμαι εκεί
στο ποίημα καταγράφω
όσα άκουσα

....
ποιό είναι τ' όνομά μου;
αλλήθωρος οραματιστής
του νερένιου ποιήματος

όπως το φυσάει το άπειρο
αλλάζει μορφές
στην μορφή μου

....
στο αύριό σου, λοιπόν
όταν οι παλάμες
χειροκροτούν
το χειροκρότημά τους
τα ιπτάμενα πλήθη
θα με μυραίνουν
με τις λέξεις μου
όπως θα εξέρχομαι
απ' το κουφάρι
του Βλαδήμπρου

θα έχω κι εγώ
τις δόξες μου
....
και μια περικοπή
από τις γραφές των ποιητών:
το πλήθος
είναι ο Χριστός των λέξεων
οι Λάζαροι μέσα στην Ιστορία

ας λεξήσουμε λοιπόν εαυτούς
σε άλλα ποιήματα
αναμένοντας το 'δεύρο έξω'
αμήν

....

όταν σου μιλώ
όπως τώρα
για οράματα
σε επισκέπτομαι μαζί τους

ανάμεσα στα σκόρπια δάχτυλά μου
με το λυκόφως λέξεων
με γράφουν ποίημα
και με απαγγέλω

αχ, με αφόπλισαν ξανά

....

το πλήθος λοιπόν
με χειροκρότησε
ως πετεινό του
πάνω στο χάραμα
ήμουν και από τις δυο μεριές
μετέωρος
εκεί οι χρησμοί
δεν αστειεύονται
ζητούσανε αίμα

....

στον ερχομό σου
θα σε ραντίζω
με τη σκουριά του αύριο
πετώντας μπουκετάκια από ποιήματα
πριν να έρθεις
τα εμάζεψα από τους αγρούς
της Ιστορίας

....

το αλλού που υπάρχω
είσαι εσύ
ταξιδιώτης από το αύριο

βρίσκομαι λοιπόν
και στις δυο μεριές
του είναι
αλληθωρίζων
οραματιστής

....

οι οραματιστές
είναι αλλήθωρα ποτάμια

....

στο ποίημα
το πλήθος
προσωρινά
αναπαύεται
γύρω του οι λέξεις
ανεμίζουν λάβαρα
εσύ βέβαια
θα τις διάβασες
στα μουσεία σας

....

και ένα ερωτικό ποιηματάκι
έτσι για διάλειμμα:
κρεμώ
στο κορμί σου
κάθε μου στιγμή
σαν κουδουνάκι
να τις ακούς
να σε υμνούν
όπως σεργιανάς
τον κόσμο

....

εδώ, στο σήμερα
οι λέξεις των ποιητών
είναι οι αρχάγγελοι του πλήθους
κουράστηκαν όμως και αυτές
τόσα ξενύχτια
όλη η Ιστορία
μεγάλη Παρασκευή
στο ποίημα τώρα

αναπαύονται για λίγο
πριν την τελική
αναμέτρηση
εσύ βέβαια έρχεσαι
από εκεί
έγινε πράγματι;

....

όπως σου έλεγα
κάποια στιγμή
τρελάθηκα
σαν λεξούλα που εξέχασε
το νόημά της
δηλαδή εξέχασε
πως να μιλά
στις άλλες λέξεις
για να θυμηθώ
μου εδιάβασα
ένα ποίημα

....

να κοίταξε
σαν τώρα
όταν γράφω
το ποίημα
ένα ένα
τα δάχτυλά μου
εξατμίζονται στις λέξεις

....

όπως βλέπεις
κιτρίνισαν
τα δαχτυλάκια μου
τα βουτώ στις λέξεις
και όλο ξεχνώ
να τα σκουπίσω

....

για χρόνια τώρα
εισπνέω τις αναθυμιάσεις
των λέξεων
και λέω τους χρησμούς

των ποιημάτων
τους ταχυδρομώ στο αύριο
με το δροσερό αεράκι
ή σ' ένα μπουκάλι
που το πετώ στο άπειρο
όταν επιστρέψεις
αν έχουν φτάσει
πες μου
τι λένε για εμάς;

....
θα μαζέψω απόηχους από την Ιστορία
να σου τραγουδήσω
έτσι για καλωσόρισμα
είναι θολοί
από ανθρώπους

τα ποιήματά μου φωσφορίζουν από λέξεις
στην παγωνιά του γαλαξία
κι' όλα τριγύρω
φαντάζουνε ερωτικά
....
εδώ
οι λέξεις
ξενιτεύονται στο ποίημα
κι αφήνουν πίσω
στόματα να χάσκουν
δεν ξέρεις αν γελούν
ή αν θρηνούν
βλέπεις όμως
το σκοτάδι τους
....
την επόμενη φορά
φέρε μου λέξεις
που να είναι δάχτυλα και χείλια
να με γράφουν ποίημα
και να με απαγγέλουν
εγώ ξαπλωμένος
θα ρεμβάζω

το σύμπαν
όταν φτάσεις
είναι η πόρτα
που θ' ανοίξεις
να με δεις
....
στο σκοτάδι σου
λαμπαδιάζουμε
ως πόθος
για να με καταλάβεις
φαντάσου χείλια
που μιλούνε
με μια λέξη
....
όπως έπινες
το άπειρο
απ' τις παλάμες μου
έβαψες τα χείλια σου
με την σιωπή του
τα σκούπισα
με ερωτευμένες λέξεις
και να το ποίημα
....
γυρεύω το πλήθος
στα λάβαρα
που κουβαλούν οι λέξεις
και τα κομμένα δάχτυλα
πριν σε υποδεχτώ
θα τα τυλίξω
με το κορμί μου
ως μανδύα
με τους κυματισμούς του
θα σου απαγγείλω
την εποχή μου
θα είναι σκέτο ποίημα
....
είμαι συλλέκτης
ανοικτών στομάτων

μέσα εκεί
αποθηκεύω το σκοτάδι
των λέξεών μου
όταν λοιπόν μου μιλάς
ξέρεις γιατί
δεν σε κοιτώ
στα μάτια
………
για να ξέρεις
εγώ έχω αύριο
στην πίστη μου
δηλαδή
στα ποιήματά μου
λοιπόν
γράφω ποιήματα σημαίνει
φαντάζουμε τους ποιητές
που δεν θα τ' απαγγείλουν
έτσι επικοινωνώ
με τ' όραμα που είσαι
………
γέμισε το δισκοπότηρο
με λέξεις
και φέρτο γύρα
στο τραπέζι
να τις δοκιμάσουμε
με τα χείλια
του ποιήματος
τότε έτοιμοι
θα μιλήσουμε
για το αύριο
………
να ο λόγος:
γράφουμε ποιήματα
για να ξεχάσουμε τις λέξεις
έτσι θα γίνουμε ατίθασα παιδιά
της γλώσσας
ως ποιητές
θα σβήσουμε την Ιστορία

είναι ένα πειθαρχημένο λεξικό
....
να η μέθοδός μου:
για ποίημα
χρειάζεται προετοιμασία
δοκιμάζω τις λέξεις
και αρχίζω
με αυτήν που πικρίζει περισσότερο
μετά
μουσκεύω τις άλλες στον ήχο της
τις κρεμώ στα δάχτυλά μου
σαν σεντονάκια
και όπως στεγνώνουν
με τα άλλα δάχτυλα
μετρώ τις αποχρώσεις
στις σκιές τους
το βράδυ με την λάμπα
τις συνδυάζω κουνώντας τις παλάμες μου
στο άπειρο
το ποίημα λοιπόν γράφεται
με χρώματα, γεύσεις, και ήχους
και μια-δυο στάλες βέβαια
κενό και όραμα
....
κρατάς
ανάμεσα στα χείλια σου
την χαραμάδα
που είναι άτοπη
ούτε μέσα ούτε έξω
ερωτευόμαστε τις λέξεις
στο κενό της
λοιπόν
γίνεται ποιητής
να υμνεί
πατρίδες;
....
ως μονοπάτι στο άπειρο
πολιορκώ τον εαυτόν μου

είμαι λοιπόν
η ακινησία του σημείου
που ονειρεύεται ταξίδια
δεν γνωρίζω
αν είμαι μνήμη
ή όραμα
ανάμεσα στα δυο
ο ποιητής
γίνεται κόσμος

………

αν είναι
κάπου να σμίξουμε
θα είναι στο κάπου
που είμαστε
δεν χρειάζεται λοιπόν
κάπου να ταξιδέψουμε
δεν είναι αυτό
το μυστικό
της Ιστορίας;

………

'ζήτω η αναρχία των λέξεων'
θα πει
σιωπώ το ποίημα στο ράγισμα της γλώσσας
'πνίχτε τους σ' ένα πέλαγο σιωπής
μην τους μιλάτε' (Γ. Σαραντάρης)

………

είσαι πιο βαριά απ' τις λέξεις μου
όταν στις μιλώ βυθίζεσαι

………

μέσα στο ποίημα
ο κόσμος κλαίει
μωρό
αλλά και πένθος
ο ποιητής
σε ποιόν
να συμπαρασταθεί;
με τις λέξεις
έναν τον νανουρίζεις

τον άλλο τον παρηγορείς
όταν πρόκειται για τον κόσμο
οι αποφάσεις
είναι δύσκολες

....

και ένα του σύμπαντος:
να είσαι στο άπειρο
ως ανατριχίλα του ανύπαρκτου
δηλαδή να το ερωτεύεσαι
ως όλον
στην θέση σου
ένα ποίημα
να σ' απαγγέλει
ως εραστή
της απ-ουσίας

....

ω, να μιλάς για όλα
με μία μόνο λέξη

....

γράφω το ποίημα
να διαβάσουν οι λέξεις
τα χείλια σου

....

όταν θα βγουν ξανά
οι λέξεις στις πλατείες
και στους δρόμους
δεν θα είμαι εκεί
ως στόμα και ως χείλια
ως ποιητής όμως
θα είμαι
στο στόμα και στα χείλια σας

....

μου ήρθα με το ποίημα
και μου θύμισα τα παλιά
δηλαδή το αύριο
'ω, το μέγα μυστήριο
να είμαστε όλοι' (Τ. Λειβαδίτης)
μου φούμαρα τις λέξεις του

μύριζα τον καπνό
και τις έβειχα
τόσο δυνατά
που εδάκρυσα
το όραμα

………

ο ήλιος σήμερα
ήταν σχεδόν ακίνητος
ήταν σαν η μέρα
να ξέχασε την νύχτα της
στο 'σχεδόν'
άπλωσα τις λέξεις μου
να ονειρευτούν
λίγο ιδανικό
σαν την μέρα που εξέχασε την νύχτα

………

τα πρωινά
βγάζω τις λέξεις μου
στον κόσμο
τα βράδια
αδειάζουν ότι μάζεψαν
στο ποίημα

………

μας πλάθουν οι λέξεις
με τον έρωτα πού είμαστε
διάφανες μορφές
και αεράτες

………

και άλλος ορισμός:
όταν ερωτεύονται
κορμιά
ερωτεύονται σιωπές
την σιωπή τους
έτσι ακυρώνονται οι λέξεις
λοιπόν
η γλώσσα
είναι μιά θάλασσα
από κορμιά

καθένα
πλέει στο άφωνο
του άλλου

....

ερωτευτήκαμε
τον κόσμο
σε λέξεις
ταξιδιάρικες
είχαν για πανί τους
το άπειρο της γλώσσας
έτσι πλέοντας
είμασταν πάντα παντού

....

για να σου μιλήσω
έγινα ταξιδάκι
σε άγριους ωκεανούς
δηλαδή
έγραψα ποιήματα
με λέξεις
που με πνίγανε

....

η μοίρα της λέξης
είναι η λέξη
τις σμίγω
και αφουγκράζομαι
τους καημούς
της Ιστορίας
ποιός αντέχει
να σωματίζεται το αύριο;

....

στο κενό
ανάμεσα στις λέξεις
κρέμασα το ποίημα
δίπλα από το παλτό
που φορούσες
όταν ήρθες
όταν έφυγες
απρόσεχτος

σου φόρεσα το ποίημα
....
όπως σου γράφω
αυτές τις λέξεις
το ποίημα
παίρνει το σχήμα
του κορμιού σου
τότε τα δάχτυλά μου
αναρχούνται
....
τα δάχτυλά μου
τα μελετώ
γράφοντας ποιήματα
στην κίνησή τους
τραυλίζει
η απ-ουσία σου
....
το σύμπαν όλο
χώρεσε στις λέξεις
που σου στέλνω δώρο
με το ποίημα
όταν τις σιωπάς
στα χείλια σου
μην αγνοείς
την αίγλη του
....
στο ποίημα
που σου έστειλα
είναι ακόμη
νωπή η σιωπή μου;
....
στο ποίημα
κάνω τον κόσμο
αίσθηση
για να τον αισθανθώ
αλλήθωρα
είναι το μονοπάτι μου
στο αύριο

....
όπως σιωπώ
την σιωπή
των άστρων
κρέμομαι
από το φως τους
με τις κλωστές του σκοταδιού
το αεράκι
με λικνίζει
στην μοναξιά του σύμπαντος
νυχτωμένο το κορμί μου
σε διψάει

....
ο γαλαξίας κρεμόταν σαν σταφύλι από την νύχτα
τον δοκιμάζαμε ερωτευμένοι

....
το φως που θ' αφήσεις
τριγύρω στο σπίτι
όταν φύγεις
θα είναι πικρό
στα μάτια μου
μ' αυτό όμως θα βλέπω
απουσίες
για να μην σκοντάφτω
όταν περπατώ τον κόσμο

....
ταξίδευα τον κόσμο
μέσα στην φωνή σου
σαν ντροπαλή λέξη
με εμένα λοιπόν
μιλούσες ως όλα

....
ανάβεις τα κάρβουνα
που είναι τα μάτια μου
με τα φιλιά σου
στην λάμψη τους
τι βλέπεις;

....
τόσο καιρό μαζί σου
έμαθα να σιωπώ
ραντίζοντας το κορμί
με την σιωπή
που είναι
τα χείλια και τα δάχτυλα
όταν θα φύγεις
ανήμπορος
θα παραδοθώ ξανά
στις λέξεις
ήδη μου υπόσχονται
την αμνησία

....
το κορμί σου
το πολιορκούν
πολλοί ποιητές
χείλια, δάχτυλα, λέξεις
πολλά ποιήματα γράφονται
στην σιωπή του

....
όταν μιλάς
διαβάζω τις λέξεις
με το σκοτάδι σου στα μάτια
στην σιωπή του
ραγίζω από διαφάνια

....
τα δάχτυλά σου
είναι ρωγμές
στο άπειρο
από εκεί μου γνέφεις
τους άλλους κόσμους

....
άνοιξε τα δάχτυλα
και κράτησε το κενό
ανάμεσά τους
θα φοβηθείς
από το βλέμμα

της μοναξιάς
του ανθρώπου
είναι το παντού
που σε κοιτάζει
....
οι λέξεις
αποσύρονται στο ποίημα
όπως το χρώμα
του απογεύματος στην νύχτα
το βάρος τους
ραγίζει το κενό του
και η σιωπή τους
είναι σκέψεις
της γλώσσας

λικνίζουν άφωνες
την μοναξιά μου
....
σου έστειλα
πάλι ποιήματα
σαν περιστέρια
που κουβαλούν
τον κόσμο μήνυμα
στον κόσμο

να ψελίσεις
τον καημό τους
με τα χρώματα του δειλινού
στα μάτια σου
....
να σου απαγγείλω
ένα ακόμη ερωτικό:
άνοιξα τα χείλη μου
ως ποιητής
και σ' έκανα λέξη
να πετάξεις μακριά
από αυτό τον κόσμο
ω, πάρε μαζί σου

την φωνή μου
να γίνεις εξορία μου
παντοτινή
για να μιλώ αιώνια
εσένα
....
είμαι λοιπόν
ένα συνολάκι
από ήχους και σιωπές
που μ' αναπνέουν
μαζί τους
τραυλίζω τα χείλια σου
όπως το κύμα
τα βότσαλα
στην ακροθαλασσιά
άραγε
χωρίς το κάλεσμά τους
έχω όνομα;
....
σε βάφτισα με λέξεις
κι έγιναν όλες τ' όνομά σου
είσαι η πολύλεξη του έρωτα
όπως οι αγροί με τα λουλούδια τους
....
ας βάλουμε λίγο χρώμα
στις λέξεις
να βάψουνε τα χείλια μας
θα φιληθούμε λοιπόν
την σιωπή των χρωμάτων
ίσως να βγουν
καινούργιες αποχρώσεις
....
κατάντησα
η απαρουσία
του οράματος
στα χείλια
μια πίκρα
που πλάθει λέξεις

τις αφήνει στο κενό
να βρούνε ότι έχασα
....
τριγύρω μας
οι λέξεις
κλωνάρια της γλώσσας
τις σκόρπισε
ο καημός
όπως σου διάβαζα
το ποίημα
όταν μου φύγεις
θα τις βάλω στο ποτήρι
και θα τις ποτίζω όραμα
....
με βλέπεις κουρασμένο;
τα βράδια
όταν κλαψουρίζουν
τα ποιήματα
τους βαστώ συντροφιά
με την απουσία μου
και ησυχάζουν
τότε κοιμάμαι λιγάκι
....
τώρα που είσαι μακριά
εδώ κι εκεί
τινάζω τους πόθους
του κορμιού μου
με την σκόνη τους
γράφω ποιήματα
....
όπως
σου απάγγειλα το ποίημα
σκορπίζονταν οι λέξεις
σταγονίτσες
τις εμάζεψα στην παλάμη
λέω όταν φύγεις
να ποτίζω
τις άλλες λέξεις

μέχρι το επόμενο
ποίημα

....

τελικά
γράφουμε ποιήματα
για να βαφτίσουμε
τον κόσμο στην σιωπή
σαν λέξη
όταν του δώσουμε όνομα
ίσως να συστηθούμε

....

να μία από τις συνήθειές μου:
τα βράδια
πλένω το πρόσωπο
με τα νυχτερινά μου
ποιήματα
έτσι όταν κοιμηθώ
ίσως
να ονειρευτώ ξανά
την σκιά του ανθρώπου να χύνεται
στα δάχτυλά μου

....

αν έρθεις
και δεν είμαι εδώ
κάπου θα τριγυρνώ στο αύριο
ως απόηχος λαβάρων
συνήθως
βγαίνω το βραδάκι
για ένα μικρό περίπατο

....

ίσως
'είμαι ποιητής'
σημαίνει
είμαι συλλέκτης συλλαβών
που έχασαν
τις λέξεις τους
μπορεί όμως κανείς
να είναι σίγουρος;

....
και μια απαγγελία στους εχθρούς:

το πλήθος
σκοτεινό
ως μάτι
σας κοιτάει
γιατί ο έρωτάς του
είναι ωκεανίσια σιωπή
όταν φουντώσει
θα σβήσουνε
οι μέρες σας
σαν αναμμένα κάρβουνα

....
όπως θα έχεις καταλάβει
έχουμε εισέρθει
στο σκοτάδι του ποιήματος
είναι τόσο σκοτεινό
που και οι ίδιοι οι ποιητές
δεν το αναγνωρίζουν
μπερδεύουν λοιπόν
τις λέξεις
με την γλώσσα

....
για να σιωπήσεις
την σιωπή της γλώσσας
δηλαδή για να γεννηθείς
ως ποιητής
πρέπει να ξεχαστείς
στον έρωτα
του πλήθους
τον αναχωρητή
στην αθωότητα του απείρου

τότε
χωρίς μνήμη
θα πλάθεις λέξεις
για το αύριο

………
το 'μαζί'
έγινε η αγκαλιά
του 'είμαστε'
εκεί ξεχάσαμε
ότι είμαστε μαζί
σκορπίσαμε στο πλήθος
μας κουβαλούσε
ως λάβαρα

………
όπως σε περίμενα
ένα άηχο
ποίημα κατάντησα
το τελευταίο
κέλυφος του οράματος
κάποτε
φιλοξενούσε συναυλίες
πετεινών

………
έστρωσα την απουσία μου
να ξαπλώσει το ποίημα
ονειρεύεται λέξεις
να μαζεύουν
χάλκινα λουλούδια
στους αγρούς της Ιστορίας

………
οι λέξεις
είναι συναισθηματικές
δεν αντέχουν το όραμα
στο ποίημα
όταν το διαβάζεις
ακούς
τα αναφιλητά τους

………
όπως βλέπεις
σβήνω ως όραμα
απαγγέλλοντας
ονόματα δρόμων

και πρώων
το ποίημα τελικά
είναι ένας κατάλογος

....

το ποίημα μου
κουβαλάει
τους αιώνες των λυγμών
οι λέξεις
είναι καραβάκια
ανέλπιδα

....

ας βγούμε λιγάκι
έξω
από το ποίημα
να συναντήσουμε
καμιά ανέμελη λέξη
κουράστηκα από τους θρήνους
της γλώσσας

....

καρφώνω στο κορμί μου
λέξεις με λέξεις
στάζουν ποιηματάκια
ως λυγμοί
αν με αναζητήσεις
βρίσκομαι στο γκρίζο

....

αν ξαναχτίζαμε
το ουράνιο τόξο
μ' ένα χρώμα
ποιά θα ήτανε
η αγάπη
των ματιών μας;
σίγουρα το άμορφο
της θάλασσας
'έχει την όψη
του ιδανικού' (Κ. Καρυωτάκης)

....
να είσαι έτοιμη
το ποίημα
το σιωπούμε
στην σιωπή του
προετοιμάζεις τις λέξεις
με τους καημούς
του ανθρώπου
να τραυλίζουν
τα χείλια σου
με βαθιές εισπνοές
αρχίζεις την κατάδυση
κάποιες απ' αυτές
σίγουρα θα πνιγούν

....
οι λέξεις
που σου έφερα στο ποίημα
είναι ο γαλαξίας των χρησμών

....
ξάπλωσε το ποίημα
στην παλάμη σου
και σιώπησέ το
ακουμπώντας τα δάχτυλα
στις λέξεις
το νόημά του
είναι η αφή τους

....
με το ράγισμα στην γλώσσα
κέντησα λέξεις στα χείλια μου
θα τις μιλήσουν
σε άλλα χείλια
να μάθουν
να μιλούν
έτσι μιλώντας το μίλημα
θα χτίσουμε τον κόσμο
χείλια τα χείλια

....
στο ποίημα
με σιώπησε
σιωπηλά ο τρόμος του

έτρεξα να πιαστώ
από τις σιωπές σου

....
τέντωσα το ποίημα
ανάμεσα στα χείλια μας
μικροί σχοινοβάτες
οι λέξεις τους

....
άφησα τα ποιήματά μου
να σε σιωπούν σαν λέξη
όσο θα λείπω
έτσι να μην είσαι μόνη

όταν συναντηθούμε ξανά
μην ξεχάσεις
να τα φέρεις μαζί σου

....
είναι λοιπόν περίεργο
όταν πεθαίνω
ως όραμα
τότε με μυρίζω Ιστορία

....
εθόλωσαν
από τις σιωπές
των λέξεων
τα χείλια μου
τώρα αφουγκράζονται
τον κόσμο
ως γκρίζο απόηχο
στον ήχο τους

άραγε
έρχεται ή φεύγει;

....
όπως σου έλεγα και πριν
στο ποίημα
αφουγκράζομαι αιώνες
να αδειάζουν
τους ανθρώπους στο κενό
οι λέξεις που μαζεύω
είναι το κέλυφός τους

....
είμαι γεμάτος σύμπαν
γι' αυτό
σε αγαπώ συμπαντικά
όπως σου έρχομαι
σκοντάφτω
γαλαξίες

....
κρύβομαι
κάτω απ' τον ήχο
των λέξεων
να μην με χτυπά
η σιωπή της Ιστορίας
για να περνά ο χρόνος
με τα γράμματά τους
κεντώ ποιήματα στο δέρμα μου

....
λεξίζω
το κορμί σου
ως βότσαλο
με την στιλπνή σιωπή του
θωπεύει την θάλασσα
είσαι η Σαπφώ των κυμάτων

....
με το αύριο στην αγκαλιά μου
ποίημα γκρινιάρικο
σπηλαιώτης έγινα
στο κέλυφος των ανθρώπων
το βύζαξα με λέξεις
και το διάβασα με δάχτυλα

μπας και σιωπήσει

τριγύρω
αιώνες βούκινα
σφύριζαν τον αρχαίο χαμό
τι θέλω τώρα εγώ
ένας αναχωρητής
σε αυτά τα μονοπάτια
σπαρμένα ποιητές που χάθηκαν;
σκοντάφτουν πάνω μου
να ανασάνουν την ανάσα μου
τα χνώτα τους
μυρίζουν σπασμένες συλλαβές
και ραϊσμένα γράμματα
ζητούν τις παλάμες μου
να τα καταθέσουν μαρτυρίες
για την βουή
και σχέδια για την έξοδο
βλέπουν το ποίημα
και αφηνιάζουν με τις λέξεις του
δεν είναι το δισκοπότηρο τους λέω
κάτι λεξούλες είναι
τις λυπήθηκα
και τις εμάζεψα πριν έρθω
να έχει το ποίημα συντροφιά
να πάρτε τες
να δούμε αν θυμούνται να μιλήσουν
κι άστε το αύριο σε μένα
να με παρηγορεί
αν θα ξεμείνω

τότε ανάμεσα τους
εμφανίστηκε ο Τειρεσίας και είπε:
στο κέλυφος των ανθρώπων
για να βρεις την έξοδο
γέμισε τα μάτια σου
σκοτάδι

....
δένω τα δάχτυλά σου
στα δάχτυλά μου
με τους κόμπους
γράφω το ποίημα

....
εξέρχομαι από το ποίημα
με την ανατολή
να τακτοποιήσω τις δουλειές μου
στο σκοτάδι του
αφήνω τις παλάμες
και τα δάχτυλα
μέχρι να επιστρέψω
βαστούνε συντροφιά
στο όραμα

....
οι ποιητές
φοβούνται
το μέγεθος του ποιήματος
κρύβονται πίσω
από ισχνές λεξούλες
και λένε τα δικά τους
ξέχασαν έρωτες και γαλαξίες
ξέχασαν και να ουρλιάζουν
σαν πλήθη

....
σιωπώντας το ποίημα
ούρλιαζα πλήθος
από λέξεις
μια χορωδία στόματα

....
όταν ξυπνήσει το πλήθος
στις λέξεις μου
η πύρινη ανάσα του
θα σας λιώσει
σαν κεράκια
την φυλάω

στα χιόνια των στίχων μου
να μην σαπίσει

....

είμαι το κενό
ανάμεσα στις λέξεις
εκεί
στα σύνορα με την φωνή τους
ερωτεύτηκα τη γλώσσα
σαν το αμίλητο νερό

....

το κενό
ανάμεσα στις λέξεις
είναι η σιωπή του ποιητή
όταν τις απαγγέλλεις
μην ανασαίνεις
θα ματώσεις το ράγισμα της γλώσσας

....

σήμερα τα δάχτυλά μου
είναι σαν μικροί στύλοι απουσίας
η αίσθηση ότι είσαι κάπου αλλού

....

είμαι πάντα
ο άγνωστος
στο ποίημα
οι λέξεις ταράζονται
και χάνουν την σειρά τους
μόνο η γλώσσα
μου χαμογελά

....

στο τέλος
όλα θα είναι τόσο απλά
που θα ντρέπονται οι λέξεις να μιλήσουν
τότε οι άνθρωποι
ως ατμοί
θα ερωτεύονται

....

ο φίλος
με υποδέχτηκε

με ύμνους του θεού
κι όπως γυρίζαμε τις μέρες
σαν φύλλα
ξαναδιαβάζοντας την ιστορία μας
πέσαμε πάνω
σε μια πρωτόγονη αγάπη

………
τα δάχτυλά μου
είναι οι σάλπιγγες
του ποιήματος
γι αυτό
όταν γράφω
ανεπαίσθητα
τα ακουμπώ
στα χείλια μου

………
θέλω να γράφω
ποιήματα χωμάτινα
να γίνω σαλιγκάρι
στο κέλυφός μου
θα ετοιμάζω
το μελάνι
και όλο μου το σώμα
να είναι ένα δάχτυλο

………
αν ήμουν
όλος δάχτυλο
θα έδειχνα εσένα
θα μου ήσουν όλη
η διχτούμενη
θα σμίγαμε ως όλον

………
ήσουν πάντα
συν-όλα
όπως η γλώσσα
συν-λέξεις
και το ποίημα
συν-άνθρωπος

ο κόσμος θα ξεκινήσει πάλι
με την ακύρωση
των αριθμών

....

το ποίημα
είναι η σάλπιγγα
των λέξεων
με τα χείλια σου
βρίσκει την φωνή του
όταν λοιπόν τα τελειώνω
θα στα στέλνω
με την ανάσσα σου
να τα μάθεις
να ηχούν

....

το 'εμείς'
είναι η λέξη των λέξεων
η μόνη που έχει τα ώτα της
στην γλώσσα
όλες οι άλλες
είναι αερόστατα

....

με υλικό μου
την απόσταση
πλάθω το κορμί σου
όραμα μακρινό
όραμα των υγρών χειλιών
και των σιωπηρών δαχτύλων
όταν δεν είναι δίπλα μου
όπου και νάνε
είναι στο άπειρο

....

το πλήθος
είναι ο έρωτας
αγνώστων
ο αναχωρητής
του 'μόνο εμείς και το άπειρο'
εδώ το σώμα

ορίζεται ξανά
ως διάχυτο

....

όλοι μου οι στίχοι
είναι μουσκεμένοι στο 'εμείς'
έχουν δηλαδή
την γεύση και την βουή του πλήθους
ομιλώ λοιπόν
με λέξεις
σαν άγνωστα κορμιά
που ερωτεύτηκαν το ένα το άλλο
στο άπειρο

....

όραμα:
όταν στα λάβαρά
θα γράψουνε
'μόνο εμείς και τ' άπειρο'
τότε στη σύναξη του πλήθους
θα απογειωθούνε
τα κορμιά
σαν λέξεις
θα αδειάζονται
το ένα μες στο άλλο

....

περνώ τις ώρες μου
αδειάζοντας
την μία λέξη στην άλλη
ως ο Θαλής
τα κουβαδάκια του
από νερό και άμμο
στην ακροθαλασσιά
άραγε
με τι θα χτίσουμε
τον κόσμο;

....

απόψε
τα χείλια μου
κοσμούν τα δάχτυλά σου

με λέξεις-δαχτυλίδια
έχουν για πετραδάκια τους
τις σιωπές του ποιήματος
ω, πως λαμπιρίζουν το κορμί σου
στο σκοτάδι
όπως απλώνεται
στην αγκαλιά μου
ατέλειωτο
....
κύλησε
το ποίημα
από τα χείλια μου
στο σώμα σου
έτσι γυμνός
λικνίζομαι πάνω του
και το απαγγέλω
ηδονή
....
σαν μοναξιά
οι παλάμες μου
τραυλίζουν
το κενό ανάμεσά τους
είναι το ράγισμα της γλώσσας
που σου έλεγα
....
οι λεξεις μου σήμερα
γέμισαν ήχους-σπασμούς
και άφρισαν
κόσμους-νοήματα
τι ποίημα να γράψεις τώρα
όταν όλο σκουπίζεις τα χείλια
με τα δάχτυλα;
....
αδειάζω το κορμί μου
σε λέξεις
να πάρει το καλούπι τους
όταν το συναντήσεις στο ποίημα

να το διαβάσεις
ως λεξολείψανο

………

ως λέξη
σε συναντώ
μέσα σε λέξεις
σκήτες στο άπειρο
έτσι μπορώ και συλλαβίζω
το λεξένιο σου κορμί
με τα λεξένια χείλια μου
γινόμαστε
λεξέρωτοι

………

το ποίημα
είναι ο παρηγορητής
των λέξεων
το ρίχνω πάνω τους
ως άμφιο σιωπής
κι αυτές
στη διαπασών
αρχίζουν να υμνούν το όραμα
δεν θα δαμάσετε
εσείς τη γλώσσα

………

άναψα ένα ποίημα
κεράκι
για τους ποιητές
που χάθηκαν
ανα-ζήτω-ντας

………

ανάβω λέξεις-κεράκια
στο σκοτάδι του ποιήματος
απαγγέλουν
τα κορμιά μας

………

να φυλάξουμε το αύριο
στις λέξεις μας

είναι το φυλαχτό
που τις φυλάει
από λέξεις

....

άφησα το ποίημα
να κυλήσει
στην παλάμη σου
κι αφουγκράστηκα τον ήχο
στα δάχτυλά της
καίνε οι λέξεις μου
σαν μανουάλια

....

ας ανάψω ένα ποίημα
να βλέπω στο σκοτάδι
και με τις λέξεις του
ας ψάλω
το μπόι του ανθρώπου
σαν παλιός μοναχός

....

για να κοιμηθώ
κρεμώ τις έννοιες μου
με λέξεις-μανταλάκια
τους ψιθυρίζουν ιστορίες
και ξεχνούν τον κόσμο

....

μεταφέρω
τα δάχτυλά μου
από την μια παλάμη
στην άλλη
μες στον συνωστισμό
νομίζω ότι είμαι σε πλατεία
έτσι κοιμάμαι
με παρέα

....

πάντα ονειρεύομαι
ένα μονόλεκτο
ποιηματάκι
ίσως το τελευταίο

αυτό που θα κλίσει τη γλώσσα
πίσω του

με τη λέξη του
θα μας βολτάρει στον κόσμο
....
μόλις πριν να έρθεις
(από την ταραχή υποθέτω)
μου έπεσε το ποίημα
κι έγινε γράμματα
μάζεψα τους ήχους τους
και αφουγκράστηκα την προσμονή μου
....
η εποχή μου
ως επιγραφή:
'στο βάθος ποίημα'
....
οι σκιές
στα δάχτυλά μου
είναι ίχνη
από λέξεις
εχάθηκαν σε ποιήματα πυκνά
ανοίγοντας μονοπατάκια
με τους ήχους τους
ποιός θα τα περπατήσει;
....
περίμενα τον ερχομό σου
χτενίζοντας τις λέξεις μου
με λέξεις
η κόμη τους
πήρε τα χρώματα
του αύριο
....
είμαι λοιπόν στο ποίημα
ο υιός του ανθρώπου;
στις ευωδιές και ψαλμωδίες μου
ως ερωτικά κορμιά
οι λέξεις

χύνονται
η μία μέσα στην άλλη
και το σάλιο της γλώσσας μου
μουσκεύει
τα πάντα

σας ανασταίνω
λεξολείψανα
....
σας έρχομαι
ως ο ερχόμενος
ο ερών το άπειρο
του πλήθους
και το καινό των λέξεων
θα μου τις ταξιδεύουν
οι φωνές σας
σε χείλια άναυδα
από την πίκρα τους
και στις γιορτές
θρήνος θα γίνονται
της Ιστορίας

δεν θα σας αφήσω
να ξεχάσετε
τους ηττημένους
....
είμαι
η ήττα και το όραμα
σέρνοντας το 'και' λοιπόν
σαν δάχτυλο
ποτισμένο με σκοτάδι
σας γράφω
το τελευταίο ποίημα
και το πρώτο
όταν το απαγγέλετε
θα έχετε αφιχθεί
κι όταν τ' ακούτε
θα αρχίζετε

....
μέσα στο ποίημα
σας αφουγκράζομαι
να με σιωπάτε
συλλαβίζοντας την πίκρα μου
πως αλλιώς να μάθετε
τις λέξεις;
ο έρωτά σας
μουσκεμένος από τις μνήμες τους
θα είναι ερωτευμένος

....
για να μας αγκαλιάσετε
θα πρέπει πρώτα να πείτε το:
'εσείς δεν υπήρξαμε'
δηλαδή θα πρέπει
να σιωπάσετε το ποίημά μου
θα είσαστε η αθωότητα της αμνησίας
πέρα από εμβατήρια και μάρμαρα

....
μες στα ποιήματα
σας απαγγέλω
αν κάποτε στο άπειρο
αναδυθείτε ως απαγγελία
μην σας διαφύγει
ότι πρώτα υπήρξατε
στις λέξεις μου
ως όραμα

....
ως αύριο μου ήρθες
με μονοπάτι το άπειρο
στο ποίημα ακούς
την βουή του ενός
και την σιωπή του άλλου

....
για να ξέρεις
οι λέξεις
είναι ώτα
φορτωμένα ήχους και σιωπές

της Ιστορίας
με ακούσματα
γράφω τα ποιήματά μου

....
προειδοποίηση:
όπως σου μιλώ
την εποχή μου
αν με δεις
να τρικλίζω
να με στυλώσεις με λέξεις
και τις λέξεις
με ποιήματα
να προσέχεις όμως
μην και σκοντάψεις
από εκεί και κάτω
το κενό

....
παράκληση:
όταν
σκοταδισμένος
από λέξεις
αφρίζω
ως σιωπή
εσύ με άλλες λέξεις
να με παρηγορείς

....
η μέρα ξεκίνησε
ανοίγοντας πόρτες παντού
με το φως της
ως πρόσκληση το λάβαμε
κι οι δυό
να δεις και συ
λίγο απ' τον κόσμο μας
πήραμε μαζί το ποίημα
για ξεναγό
αυτό ατίθασο
μας έδειχνε
τον άλλο κόσμο

....
το ποίημά μου
είναι ψαράκι του απείρου
οι λέξεις του
είναι λέπια σκοτεινά

έτσι μονόχρωμο
τι να σου πει
....
και μια κρυφή μου επιθυμία:
θέλω να σου απαγγείλω ποιήματα
όπως κοιμάσαι
να ταξιδεύω στην φωνή μου
όταν θ' απλώνεται
ως σεντονάκι
στο απέραντο
του ύπνου σου

οι λέξεις τους
θα μου μιλούν
τα όνειρά σου
....
όραμα:
οι παλάμες να βαστούν
μόνο δάχτυλα
....
ω, ποίημα
είσαι η ψαλμωδία
των θρυψάλων
....
πριν να έρθεις
κρέμασα λέξεις στα χείλια μου
να σε καλωσορίσουν
ως ποίημα
....
ξέχασα να σου πω
ο καθρέφτης στο σπίτι
είναι για την μοναξιά

εκεί κοιτάζει ο άνθρωπος
για λέξεις
....
μαύρες πεταλούδες
οι λέξεις μου
γυαλίζουνε στο φως
τρύπες που γλιστρούν
στο άπειρο
....
στο ποίημα
μιλώ τις λέξεις μου
ως λόξιγκας
δηλαδή
με το κορμί μου
τρεμούλα
των ήχων τους

όταν λοιπόν
με δεις
ως συλλογή σπασμών
έχει εισβάλει
τ' όραμα
....
θα σε κούρασα
όλο για θάνατο μιλώ
τον απλώνω
ως ποίημα
κι απάνω του
τοποθετώ τις λέξεις μου
σερβίτσια
μετά σου προσφέρω
τον κόσμο
....
κρεμώ τις λέξεις
στο κενό
και τις φυσώ
με την λειψή μου
ανάσα

όπως λικνίζονται
μιλούν για κραδαγμούς της γλώσσας
και τα ταξίδια τους
σε στόματα
………
στο ποίημα
ανάμεσα στις λέξεις
η ρωγμή

την θωπεύω με τα χείλια μου
κι ανασαίνω πλήθη
………
το χρώμα των λέξεών μου
είναι το μαύρο
και αυτό του ποιήματος
το σκοτεινό
σιωπώ το ποίημα σημαίνει
σκοτεινιάζω το μαύρο
και μαυρίζω το σκοτεινό
μην σε παραξενεύει λοιπόν
αν κρύβω τα χείλια μου όταν απαγγέλω
………
τα δάχτυλά μου
είναι πάντα
οι αποχρώσεις
της τελευταίας χειραψίας
………
στις λέξεις μας
μυρίζουμε
τα χνώτα των ανθρώπων
και δοκιμάζουμε
την πίκρα
των χειλιών τους
ναι, στο ποίημα
είναι αισθησιακές οι λέξεις
………
όταν μιλούν οι άνθρωποι
που βρίσκονται;

....
έκρυψα τα δάχτυλά μου
ανάμεσα στις λέξεις
μετρούσαν τα χείλια σου
όπως σιωπούσες
το ποίημα που σου έστειλα
....
λεξημένος
γλωσίζω
το τίποτα του κόσμου
για να δούμε
θα εξατμιστεί;
....
να κοίτα
όπως σε αφουγκράζομαι
στάζουν ποιήματα
από παντού μου
και με καλωσορίζουν

σαν ξένη λέξη
....
με το κενό στις λέξεις μου
ακούω το καινό
στη φωνή σας

σας φιλώ από μακριά
ως πρόσφυγας του αύριο
....
κατρακυλούσαν οι λέξεις
από το όραμα
όπως μ' εξόριζαν
στο πέσιμό τους
τα γράμματα
νυφάδες του χιονιού
θα τις κεντήσω ξανά
στο σώμα μου
με τους χρησμούς
των ήχων τους

....
ποιά να ήταν
η τελευταία λέξη
στη σιωπή
όλων αυτών
που αδικήθηκαν;
με αυτήν
να ονομάσουμε το αύριο

....
πήρα την σιωπή της γλώσσας
και την μοίρασα δίκαια
ως λέξεις
στους άπιστους Θωμάδες

....
ως που να ανταμώσουμε ξανά
θα παραμείνω
λέξη αμίλητη
μόνο θα βήχω
εδώ και εκεί
τους ήχους των γραμμάτων της
ως υπενθύμιση

....
γεμάτη κόμπους
η γλώσσα μου
λέξεις-πετρούλες
μου τις μαζεύει
το άπειρο
ως ποίημα
γι' αυτό ακούς
αλλόκοτους ήχους
όταν απαγγέλω

....
όπου κι αν πάω
παίρνω μαζί μου
και τα δάχτυλα
αν συναντήσω κάποιον
να έχω με κάτι
να τον χαιρετήσω

....
όπως σε περίμενα
για να περάσει ο χρόνος
έβαλα λίγο χωματάκι
στην παλάμη μου
και χάζευα το αδιάφορο
με φόντο την σιωπή της
έλαμπαν
ως μάτια και τα δυο
με κυρίευσε ο πανικός
του σύμπαντος

....
μαζί σου
θα γελαστώ ξανά
ότι υπάρχω
θα αρχίσω λοιπόν
να σου μιλώ
σαν τίποτα
να μην έχει συμβεί
από το αύριο
ως το σήμερα

....
εδώ που έφτασα
για να κάνω
ένα βηματάκι
γίνομαι όλος μου
το βήμα που θα κάνω
έτσι διακόπτω
την συνέχεια
κατάντησα λοιπόν
ένα συνολάκι
από βήματα
χωρίς βηματισμό

....
όπως αναχωρείς για το αύριο
οι λέξεις μου
στο ποίημα
με συλλαβές και γράμματα

ψέλνουν
αργόσυρτα
τα χείλια σου

………
πάλι το όραμα:
στα τέσσερα σημεία
του έρωτα
στέκουνε ποιήματα
ακοίμητοι μάρτυρες
από τις λέξεις τους
κυλούνε
χείλια
απαγγέλλοντας τον κόσμο

………
επιστολή:
από την νύχτα μου
στάζει σκοτάδι
άναψα τα δάχτυλα
να ζεσταθώ
με την αφή
από τα χείλια σου

………
όταν θα φύγεις
για να μου βαστούνε
συντροφιά
τα δάχτυλά μου
θα λένε ιστορίες
το ένα στ' άλλο
δηλαδή
στη σιωπή τους
θα διαβάζουνε
τα ίχνη
της τελευταία σου
χειραψίας

………
με το σκοτάδι μου
μέσα στο ποίημα
άναψα τις λέξεις

είσαι έτοιμη
για τη λαμπαδηφορία;
γιορτάζουμε τη γλώσσα

....
θα προσμένω τα χείλια σου
ξεχασμένη σιωπή
στις λέξεις

....
όλα ζητούνε
μιαν αρχή
τώρα
που μάθαμε να σιωπούμε
το ποίημα
μας αγάπησε
η γλώσσα
ως το ράγισμά της

....
στο διάφανο της σιωπής
σε συναντώ
ως κάποια
που την μίλησαν
τα πάντα
ως κάποια
που την ξόδεψαν
ταξίδια αμέτρητα
και οι λέξεις μου
την ύμνησαν
ως κόσμο

τα χείλια μου
χορεύουνε στα δάχτυλά σου
με τον ρυθμό
της βροχής στα τζάμια
και όλα έξω
φαντάζουνε θολά

σμίξαμε πάλι
ως η στιγμή

για ποιήματα
………
στις σκουριασμένες στέγες
το φως
γαλάζια ψέλνει
το απέραντο του ουρανού
και τα πουλιά στα δέντρα
σταμάτησαν να τραγουδούν
και εκστατικά
το αφουγκράζονται

α ναι, οι λέξεις μου
κουράστηκαν
τα μοιρολόγια
ήθελαν να ξεσκάσουν λίγο
τις έβγαλα λοιπόν
για ένα περίπατο στη γειτονιά
………
διάβασα στα δάχτυλα
την Ιστορία τους
και ντράπηκαν
κρύφτηκαν στην παλάμη
διάβασα στο ποίημα
την Ιστορία των λέξεων
και ντράπηκε
κρύφτηκε
σε όσες λέξεις
του είχαν απομείνει
………
στα χείλια μου
οι λέξεις σου
φυλάνε το ποίημα
από λέξεις
………
σκόρπισα το ποίημα
στο κορμί σου
και φύτεψα τις λέξεις μου
σε μεταμόρφωσα στον κήπο

του κενού
και των ψιθύρων

....

λοιπόν
στο ποίημα οι λέξεις μου
είναι πόθος
για χείλια
και για στόματα

....

στη ρωγμή της γλώσσας
λέξεις θρύψαλα
και στο βάθος το ποίημα
να αστράφτει
μάτι θολό
πρέπει
ν' αναστήσουμε
τους ποιητές του αύριο
να μας διαβάσουν τα ερείπια μας
σαν τους χρησμούς
της φωνής
τότε να μας δω
πως θα τρομάξετε

....

όταν αναπολώ το όραμα
πνίγω τις λέξεις μου
στις άλλες λέξεις
στάζουνε γράμματα

....

προσπαθώ να σχεδιάσω
το ποίημα του αποχωρισμού
ίσως να είναι απόγευμα
μάλλον φθινοπωρινό
με τα χρώματα του βάθους
εμείς δυο αποχρώσεις του
ωχρές από την αίσθηση
και διάχυτες
η μια στην άλλη

………
συναντηθήκαμε
πριν απ' τον θάνατο
για να τον συναντήσουμε μαζί
αυτό βέβαια δεν σημαίνει
ότι ζούμε
απλώς είμαστε
ερωτευμένοι

………
θα ήθελα μια μέρα
να σου μιλήσω
για τις διαδρομές
των λέξεων
ακολουθώντας τες
πιασμένοι λέξη λέξη

………
οι λέξεις στο ποίημα
σιωπούν την αρχαία σιωπή
του νερού
στην παλάμη του Θαλή
λοιπόν
για να φτιάξουμε ξανά τον κόσμο
πρέπει να φτιάξουμε με τον κόσμο το 'ξανά'

………
είμαι ο οραματιστής
των αποστάσεων
που μόνο το αύριο μπορεί
να ταξιδέψει
ερχόμενο
μετά απαγγελιών
και ποιημάτων

έλα, έλα
μέσα απ' το ράγισμα της γλώσσας
σε προσμένουμε
ανυπόμονα
σαν λέξεις τα χείλια

....
στην άκρη των δαχτύλων μου
κρέμεται
σαν σταλακτίτης
το άγγιγμα που άφησες
πότε θα επιστρέψεις;

....
φορώ στα ποιήματά μου
λέξεις-δαχτυλίδια
με πετραδάκι τους το άπειρο
σου είμαι λοιπόν
πανέτοιμος
για τις απαγγελίες των δαχτύλων

....
οι λέξεις μου στο ποίημα
είναι μαζί με το μαζί σας
με δροσίζουν
με τον ψίθυρο
του φτερουγίσματος της πεταλούδας

....
να τους το μεταφέρεις:
δύο κενά
οι παλάμες μου
τρέχει το όραμα
σαν χείμαρρος θανάτου
μες την ανάστασή σας
να με θυμόσαστε
ως αμετανόητο εραστή

....
ένα μικρό σου άγγιγμα
κάνει τα δάχτυλά μου
λέξεις ατέλειωτες
η μία διαβάζει την άλλη

....
μόλις πριν έρθεις
έπλεα νυχτωμένος
στο σκοτάδι του ποιήματος
ψηλαφίζοντας λέξεις με τα χείλια

δηλαδή
σιγοτραγουδούσα
τη φωνή σου

………

κάπου κάπου
βγαίνω στις λέξεις μου
για ένα μικρό περίπατο
από τις άκρες τους
ρεμβάζω το κενό
σαν χείμαρρος φουσκώνει

………

με αναστάτωσες
με το αύριο
στα μεγάλα σου μάτια
είσαι λοιπόν
τόσο ερωτευμένη;

………

αν με αναζητήσεις
μέσα θα είμαι
θα ζυγιάζω κόσμους στο ποίημα
με βαρίδια τις λέξεις

………

είμαι ο Αίρων
τον καημό του κόσμου
και ο ερών τον άνθρωπο
είμαι δηλαδή
μια λέξη
σταυρωμένη
κάπου στο ποίημα
μετά την αποκαθήλωσή μου
τοποθετήστε με
στα χείλια σας

………

μην ξαφνιάζεσαι
εδώ γύρω
πάντα βρέχει
καημούς-αιώνες
τους μαζεύω στο ποίημα

λέξεις ραϊσμένες
....
είμαι ένας καημός
που σκοντάφτει στους καημούς
των λέξεων
γι αυτό σου απαγγέλω το ποίημα
κατρακυλώντας
....
οι λέξεις μου
είναι στάχτη
δηλαδή φτάνω
πάντοτε αργά
στο ποίημα
....
πριν να έρθεις
θα σου στείλω
ένα ποιηματάκι
όταν έρθεις
να ξέρεις τι λέξεις
να μου φέρεις
....
ανάμεσα στο 'πριν' που δεν ακούει πιά
και το 'μετά' που δεν μιλά
είμαι η συμφωνία των συμφώνων

θα με γνωρίσεις
από τα σημάδια στις παλάμες
κάτι ξεθωριασμένα
ποιήματα
....
με ζώνουν λέξεις
από παντού
με το παντού
μιας θάλασσας
που πνίγηκε
όπως την ταξίδευα
ήταν υπόσχεση

………
θα υπάρξουνε
γαλάζιες θάλασσες
να κολυμπούν
κολυμβητές
εκστατικούς;
θα παίρνουν την μορφή
των γυμνών κορμιών τους
κι αυτά θα γίνονται
γαλαζίως άμορφα
………
κοιτώ το φως της μέρας
με το σκοτάδι μου
ως κάποιος που ζηλεύει τα ταξίδια του
………
έχασα πλέον
την σειρά των λέξεων
και μου απόμειναν
οι λέξεις της σειράς
ποιός θα με παρηγορεί τώρα
για τους καημούς
που ήρθαν;
………
φόβος είναι
η κίνηση των δαχτύλων
στο κενό της παλάμης
και των λέξεων στο ποίημα
δηλαδή υτο ράγισμα της γλώσσας
………
αφή-σε με
………
όχι μόνο μαθών αλλά και παθών το 'ημείς'

(Μάιος-Ιούνιος 2020)

www.ingramcontent.com/pod-product-compliance
Lightning Source LLC
Chambersburg PA
CBHW030301010526
44107CB00053B/1772